AF359355

ARTH. PARIS

COMPTABILITÉ

AUTOMATIQUE

Méthode absolument nouvelle de comptabilité,
applicable d'emblée et sans étude préalable
par toute personne, même étrangère à la comptabilité ;
Procurant
avec moins d'écritures que la partie simple
plus de résultats et de garanties
que la partie double la plus complète,
notamment
l'Inventaire général permanent, dressé en un quart d'heure.

Prix : **1** fr. **25**.

Franco par poste : **1** fr. **50**.

Maison MICHEL-SALZARD, Éditeur
à GREUX-DOMREMY (Vosges).

TRAITÉ

DE LA

COMPTABILITÉ AUTOMATIQUE

NEUFCHATEAU

Imprimerie GONTIER-KIENNÉ, place Jeanne d'Arc

1891

AVANT-PROPOS

La *comptabilité* est la *science*, en même temps que l'*art*, de tenir des comptes en règle ; elle doit être établie de façon à donner, d'une part, satisfaction aux prescriptions de la loi, et d'autre part à permettre au négociant de connaître à tout instant, et en quelques minutes, quand il le désire, sa situation personnelle et l'état de ses affaires.

La comptabilité est une *science*, en ce qui concerne sa conception, sa théorie, son étude ; elle est un *art* quant à son application.

Jusqu'alors, deux modes de comptabilité ont été mis en pratique :

La *partie simple*, d'une application toute facile, accessible à tous, demandant peu d'écritures et peu de temps ; mais sans contrôle ni direction, et dont l'exactitude ne peut reposer que sur la précision et les qualités du comptable.

La *partie double*, qui offre l'avantage de divers contrôles, mais qui exige du comptable une étude approfondie, et une si longue expérience, qu'elle déroute les meilleures volontés, et est demeurée, par suite, le privilège exclusif des seuls comptables de profession. Elle exige, en outre, des écritures nombreuses et compliquées, et prend un temps considérable.

Malgré ces difficultés, elle est inapte à fournir au négociant le document le plus précieux, le seul précieux, pour ainsi dire, à savoir, la connaissance *exacte* et *permanente* de sa situation.

La méthode que nous proposons, tout en offrant plus de résultats que la partie double la plus scientifique, notamment la *situation* et l'*inventaire permanents*, établis en quelques minutes, demande moins d'écritures et prend moins de temps que la partie simple la plus rudimentaire.

Un enfant, sachant lire, écrire et compter, l'appliquera au bout de quelques heures d'observation, sans possibilité d'erreur ou d'omission.

Débarrassée de toute étude scientifique, la méthode que nous proposons n'en est pas moins l'application la plus scrupuleuse de l'ancienne théorie des parties doubles, mais avec le dégagement des *comptes de résultats* ou *bénéfices*, dont nous pressentions depuis si longtemps l'indispensabilité, que nous nous sommes efforcés de rendre pratiques et populaires, et dont nous avons été tout fier de trouver la haute théorie dans le magistral traité de la *science des comptes* de MM. Eugène Léautey et Adolphe Guilbault.

Nous avons appelé notre méthode *automatique*, parce que avec elle, le comptable n'a plus qu'un rôle tout à fait passif ; les indications des colonnes lui conduisent la main d'une façon sûre ; elle n'a plus qu'à obéir ; et la perfection des résultats obtenus est entièrement indépendante de la valeur et de la science du comptable.

Si nous ne craignions d'être soupçonné de charlatanisme, nous ajouterions que le plus grand avantage de notre méthode, est peut-être l'absolue quiétude d'esprit, le salutaire reposement, qu'elle procure au comptable ; quand celui-ci, en effet, ouvre un registre blanc, il a, chaque fois, à faire un travail intellectuel, pour discerner qu'elle sera la nature de l'écriture qu'il va passer, et comment il la passera ; cette préoccupation continuelle, souvent après une journée déjà laborieuse, ne laisse pas que d'être pénible et fatiguante ; avec notre méthode, au contraire, pas le moindre souci ; la place de l'écriture est toujours préparée d'avance, des indicateurs vous invitent à l'y passer. et vous n'avez qu'à vous laisser faire.

Elle ne se contente pas de fournir au négociant les chiffres d'un *inventaire permanent* ; les *tableaux graphiques* qui la complètent, lui reflètent, comme dans un miroir, sa situation constante et l'évolution progressive de ses opérations.

Mais, comme l'économie d'écriture est toujours corrélative de l'économie de papier, aujoutons, qu'au point de vue de la dépense, la *comptabilité automatique* offre sur les autres méthodes un avantage considérable, ainsi que nous espérons le démontrer plus loin victorieusement.

En résumé, la *comptabilité automatique* tout en fournissant au négociant son inventaire permanent, lui offre en même temps une économie d'étude, de temps, de dépenses, de place, et surtout d'erreurs et d'omissions.

De plus, n'employant que le langage vulgaire, et ayant rompu définitivement avec les jeux, virements, balances et tiroirs de la comptabilité à parties doubles, elle se trouve réellement à la portée de tous et, avec elle, le chef de maison inexpert n'est plus tributaire de son comptable, pour suivre ses opérations : il lui suffit d'ouvrir ses livres, pour que la lumière lui soit faite.

ARTH. PARIS.

CHAPITRE PREMIER

UN MOT SUR LA COMPTABILITÉ EN GÉNÉRAL

Son objet. — Sa perfection

Une personne possède un capital, qu'elle veut faire fructifier, au moyen de son travail ou de son industrie ; pour plus de clarté, fixons le chiffre de ce capital 10.000 fr. par exemple.

$$Capital = 10.000 \text{ fr.}$$

Elle emploie une partie de son capital à l'installation, dans sa maison, du matériel nécessaire : elle n'a évidemment plus 10.000 fr. espèces, mais ce qui lui reste, plus son matériel lui représentent toujours la même somme de 10.000 fr.

$$Capital + Matériel = 10.000 \text{ fr.}$$

Elle emploie une autre partie de ses fonds à l'achat de marchandises ; par la même raison :

$$Capital + Matériel + Marchandises = 10.000 \text{ fr.}$$

Elle fait une première vente d'un objet de son commerce et en touche le prix : ce prix se compose naturellement du prix d'achat, plus le bénéfice dont la marchandise a été majorée pour la vente.

Si elle connaît ce bénéfice et le met dans sa poche, comme représentant le produit de son travail, le montant de ses honoraires, le capital espèces sera augmenté du montant du prix d'achat de l'objet vendu, mais le montant des marchandises sera diminué d'autant; nous aurons donc encore :

$$\textit{Capital} + \textit{Matériel} + \textit{Marchandises} = 10.000 \text{ fr.}$$

Que cette opération se représente 100 fois, 1000 fois : si chaque fois le commerçant détourne son bénéfice, son actif commercial sera toujours de 10.000 fr., son capital initial.

La proportion des éléments, espèces ou créances, matériel, marchandises, qui représentent son capital pourra varier, mais leur total restera immuable.

Que si, au lieu de détourner le bénéfice à chaque opération le commerçant laisse ce bénéfice dans sa caisse commerciale, pour l'employer également aux opérations de son commerce, son capital initial aura à subir *une seule modification*, il augmentera évidemment du montant des bénéfices successifs, ce qui se traduira par la formule.

$$\textit{Espèce} + \textit{Matériel} + \textit{Marchandises} = 10.000 \text{ fr.} + \textit{Bénéfice}$$

Dès à présent, vous pouvez entrevoir que si l'évolution des comptes espèces, matériel, marchandises etc. constituant la représentation du capital initial, est intéressante à suivre, elle ne présente toutefois qu'un intérêt secondaire, puisque leur montant *reste immuable* ; ce sont cependant les seuls comptes dont se soient préoccupés la généralité des auteurs de comptabilités, professeurs et teneurs de livres, même à parties doubles.

Par contre, leur laborieux travail laisse complètement de côté les comptes des *résultats ou bénéfices*, d'un intérêt si majeur pour le négociant, et, que pourtant, il ne peut connaître que par l'inventaire général de son magasin.

Essayons, pour dégager la situation, et faire mieux comprendre notre explication, de l'exemple d'un commerce dont les mouvements de magasin sont faciles à suivre : un marchand de farine et de son.

Notre négociant possède un capital espèces de 10.000 fr.

$$\textit{Capital} = 10.000 \text{ fr.}$$

Il fait construire, comme annexe de ses bâtiments, un magasin qui lui coûte 2.500 fr., qu'il paie à la réception des travaux ; il a alors en caisse 2.500 fr. de moins, mais il possède pour la même valeur un magasin dont il devra soumettre la dépense a un amortissement annuel, à prendre sur ses bénéfices ; voici alors sa situation :

Actif.

Espèces 10.000 -- 2.500 = ...	7.500
Immeubles	2.500
	10.000

Il emploie ensuite 1,500 fr. à l'acquisition de son matériel : cheval et harnais, camion, bascule, poids, registres, factures, etc., dépense qui fait partie des frais généraux, et doit être portée à ce compte. pour un amortissement plus rapide que celui de l'immeuble.

Actif.

Espèces 7.500 — 1.500 = ...	6.000
Immeuble	2.500
Matériel	1.500
	10.000

Il fait alors l'achat de :

10.000 kilog. farine à 35 fr. les 100 kilog	3.500
et 5.000 kilog. de son à 12 fr.	600
Ensemble. . . . . , .	4.100

payables à 30 jours sans escompte.

De plus, il a payé à la gare, pour le transport. une somme de. 150

Montant de la valeur de sa marchandises au prix de revient . . . . , ... 4.250

Il a donc entre les mains une valeur en marchandises de 4.250 fr. de plus ; mais par contre, il a en caisse 150 fr. de moins et il a contracté une dette passive de 4.100 ; voici alors sa situation.

Actif.

Espèces 6.000 — 150 = ...	5.850	
Immeuble.	2.500	
Matériel.	1.500	
Marchandises.	4.250	= 14.100
Passif, la dette.		4.100
		10.000

Vous voyez dès lors que, malgré toutes les modifications que notre commerçant a fait subir aux éléments divers constituant son capital, le montant de ce capital n'a pas varié d'un centime, comme il ne variera jamais d'un centime par la suite, si on fait des *bénéfices* et *pertes*, c'est-à-dire des *résultats*, un compte *indépendant*.

Les marchandises sont mises en magasin avec soin et ordre — condition de première nécessité dans tous commerces et industries — de façon à pouvoir suivre le sort de ces marchandises, et ne pas les confondre plus tard avec d'autres, qui entreront avec un prix de revient différent. Par exemple, le magasin sera divisé en un certain nombre d'emplacements, suivant les besoins prévus : chaque emplacement marqué par une lettre peinte sur le mur ; chaque sac sera marqué sur sa partie apparente d'un numéro de série, 1, par exemple, pour chacun des sacs de farine et 2 pour chacun des sacs de son ; et le carnet du magasin indiquera, en constatant l'entrée de ces marchandises, l'emplacement qui leur aura été affecté.

Quand il en entrera d'autres, mêmes précautions.

Le moment est venu d'établir le prix de vente et le chiffre des bénéfices, à moins que le prix du détail, lui-même, ne soit en quelque sorte imposé par un cours ou un usage du pays ; pour établir rationnellement ce prix de revient, le négociant doit naturellement tenir compte des intérêts de son capital engagé, de l'amortissement de son immeuble et de son matériel, de ses frais généraux, du coefficient présumable de ses pertes, etc., enfin des honoraires de son travail.

Nous avons vu que les 100 kilog de farine lui reviennent à 35 fr. — 1 fr. de port, soit 36 fr. ; il veut les revendre 40 fr. les 100 kilog., par sacs complets et 41 fr. par fractions de sacs, soit un bénéfice de 4 fr. par 100 kilog., dans le premier cas et de 5 fr. dans le second ; pour les sons, il revendra 13 fr. par quantité de 100 kilog. et 14 fr. par fractions, soit un bénéfice de 1 fr. par 100 kilog. dans le premier cas et de 2 fr. dans le second.

Un premier acheteur A. se présente, qui prend livraison au comptant de

3 sacs de farine à 40 fr. . . . . 120 fr.

et 100 kilog. de sons à 14

Ensemble . . . . . 134 fr.

Cette somme se répartit ainsi pour le négociant :

	Prix de revient	Bénéfices	Total
30 sacs de farine à 36 fr....	108 fr.	12 fr.	120 fr.
1 sac de son à 13 fr.......	13	1	14
Totaux.....	121 fr.	13 fr.	134 fr.

Un second acheteur B traite de 5 sacs de farine et 300 kilog. de sons, avec une concession de 1 fr. par 100 kilog. de farine et 0 fr. 25 par 100 kilog. de sons, le tout payable à 30 jours sans escompte.

Voici sa facture :

    500 kilog. farine à 39 fr................. 195
    300 kilog. de sons à 13 fr. 75............ 41 25
                        Total......... 236 25

Laquelle somme pour le négociant se répartit ainsi :

	Prix de revient	Bénéfice	Total
500 kilog. farine à 36 fr......	180	15	195
300 kilog de sons à 13 fr......	39	2 25	41 25
Totaux......	219	17 25	236 25

Si le négociant détournait immédiatement à son profit le bénéfice qu'il a réalisé et qui s'élève à 13 fr. + 17 fr. 25 = 30 fr. 25, voici qu'elle serait la situation de son commerce.

Actif.

Espèces 5.850 + 134 — 30 fr. 25 = 5.953 75
Immeuble................. 2.500
Matériel.................. 1.500
Marchandises 4.250 — (121+219). 3.910
Créance sur B............. 236 25 = 14.100

    Passif..................... 4.100 = 10.000 fr.

Si au contraire il laisse dans sa caisse commerciale, son bénéfice, voici qu'elle est la situation :

Actif.

Espèces 5.850 + 134 =........ 5.984
Immeuble................. 2.500
Matériel.................. 1.500
Marchandises 3.910
Créance sur B .... 236.25 = 14.130 25

    Passif .... 4.100 = 10.030 fr. 25

S'il veut alors s'assurer de l'exactitude de ses opérations, de ses écritures et de son inventaire :

1° Il compte sa caisse et trouve bien dans le 1ᵉ cas 5.933 fr. 75 et dans le second 5.984 fr.

2° Son immeuble n'a été ni déprécié, ni incendié. Il fait le compte de ses marchandises restant en magasin et trouve bien, en comptant ses sacs convenablement placés par rang de mêmes quantités pour faciliter cette opération :

92 sacs de farine à 36 fr. 3.312
et 46 quintaux de son à 13 fr. 598

Total égal   3.910

3° Chaque objet de son matériel se retrouve conformément à l'inventaire en bon état et à sa place.

4° Il relève également les comptes de son grand livre, et constate une créance active de 236 fr. 25 et une dette passive de 1. 100 fr.

Voilà quel serait le type d'une comptabilité parfaite, le *nec plus ultra* de la comptabilité : pas d'erreur possible, pas de soustraction possible, pas plus de marchandises ou de matériel que des espèces en caisse ; puisque nous avons fait le compte, j'allais dire *la caisse*, aussi bien du magasin, du grand livre et du matériel que des espèces, en un mot de toutes les valeurs en mouvement.

J'allais dire la *caisse* du magasin, et c'est précisément là, la condamnation des anciennes méthodes, parce que l'expression, détournée de sa signification primitive, est devenue populaire dans le sens général de *compte avec contrôle des existants*, pour n'avoir été apliquée jusqu'alors qu'aux *espèces* ; et pourtant les espèces ne constituent que la plus infime partie des valeurs mouvementées par le négociant !

Je sais bien qu'après un certain laps de temps et un certain nombre d'opérations, si le magasin de notre marchand de farine pourra toujours être facilement vérifié, il n'en sera pas de même de son grand livre, qui se chargera davantage, et dont le dépouillement sera plus laborieux : mais on en vient à bout ; et plusieurs auteurs, avides de clarté, ont fait, dans ce sens, un pas en avant : M. Arthur Michel, par exemple, qui impose l'état de situation mensuelle du grand livre, et s'est appliqué à en faciliter le dépouillement.

Je sais bien encore que beaucoup de commerces ont des magasins plus chargés que celui du marchand de farine, et d'un contrôle plus long et plus minutieux ; mais, si c'est difficile, cela n'est pas impossible ; et, en tous cas, si nous n'avons pas toujours le *contrôle*, ayons au moins constamment le *compte* du magasin ; et nous espérons bien démontrer plus loin qu'avec les économies de temps que présentera notre méthode, nous arriverons à ce résultat complet, sans passer plus de temps à nos écritures que n'en demande la partie double classique.

Quoi qu'il en soit, dès à présent vous devez entrevoir clairement que la comptabilité ne sera véritablement exacte et efficace, que lorsque les *comptes du magasin*, du *grand livre* et *des résultats* seront l'objet de la même considération, que les *comptes de caisse*, et que l'expression FAIRE SON MAGASIN sera devenue aussi populaire que celle de FAIRE SA CAISSE (1).

---

(1) « Si dans l'ancienne méthode, disent à ce propos MM. Léautey et Guilbault, « l'on représente avec régularité les valeurs d'échange : argent, effets à rece- « voir, effets à payer, on n'y trouve le compte des valeurs de magasin que sous « un titre vague, celui de *marchandises générales*, comprenant des éléments « distincts qui devraient être dissociés. En effet, les digraphistes (comptables de « la partie double) inscrivent à ce compte, d'un côté les achats et les frais de « toute nature grevant la marchandise, d'un autre côté les ventes au prix de « transaction (c'est-à-dire augmenté du bénéfice). D'où il sort que le compte « *marchandises générales* n'est ni un compte de magasin, puisque l'existant réel « ne saurait être indiqué par son solde, ni un compte de vente, puisque la diffé- « rence entre le prix de vente et le prix de revient de la marchandise ne ressort « pas directement des écritures qu'on y porte. »

Ajoutons que ce compte de marchandises générales n'indique pas davantage le montant des marchandises achetées, ni celui du chiffre d'affaires, puisque les retours et les rendus en font partie sans aucune distinction des ventes et des achats.

CHAPITRE II

COMPTABILITÉ AUTOMATIQUE

Un coup d'œil sur les Registres

Toute opération commerciale comporte le concours de trois agents : un *fournisseur* d'un côté, un *acheteur* de l'autre, et, au milieu, le *négociant* ou la *maison de commerce*, qui leur sert d'intermédiaire.

Cette trilogie de facteurs se retrouvera toujours, dans des conditions toutes différentes entre elles, et nécessitant par conséquent des écritures différentes ; mais, par contre, les opérations relatives au même ordre de chacun de ces trois facteurs présenteront toujours assez d'analogie, de connexité, pour pouvoir être commodément groupées.

C'est-à-dire que si la réunion en un seul livre, des opérations concernant les fournisseurs, la maison et les acheteurs, ne peut aboutir qu'à une confusion telle que la partie double, pour y voir clair, est obligée de tout rediviser, pour reclasser à nouveau ; la division, dès le principe, des écritures en trois registres — un pour chaque ordre des facteurs — doit amener au contraire la clarté la plus complète, et procurer une grande économie de temps et d'erreur ; car souvent l'écriture mère ne devra pas être reportée.

Six registres spéciaux sont indispensables pour la pratique complète de la *comptabilité automatique* :

1° Trois journaux principaux :

Le journal des fournisseurs ;

Le journal des clients :

Le journal de la maison.

(Chacun de ces journaux est, en même temps, livre de caisse).

2° Trois livres auxiliaires :

Le journal du portefeuille ;

Le carnet de caisse générale ;

Et le carnet des situations-inventaires.

JOURNAL DES FOURNISSEURS

Ouvrons le Journal des fournisseurs (voir les annexes aux feuillets jaunes, pages ii à v (1), pour nous rendre compte de l'économie de ses cadres ; et jetons-y d'abord un coup d'œil d'ensemble, pour mieux comprendre la raison d'être de sa disposition :

Toute opération commerciale avec un fournisseur, comporte en général 3 phases successives :

1° L'achat (ordinairement à terme) qui la commence ;

2° Le règlement de la facture soit par lui, soit par vous, qui la continue.

3° Le paiement, qui la termine.

Trois cadres, dans notre Journal, sont disposés pour recevoir les écritures afférentes à chacune de ces phases ; ils ont pour titres :

1° Factures.

2° Règlements.

3° Paiements.

Examinons maintenant chacun de ces cadres tour à tour :

1° Factures

Comme vous êtes appelé à recevoir un grand nombre de factures, il faut nécessairement, pour faciliter les recherches ultérieures, que vous adoptiez pour leur classement une méthode invariable : la plus simple de toutes, c'est le n° d'ordre qui, inscrit sur la facture, vous renverra du premier coup aux écritures qui la concernent.

---

(1) Nous faisons remarquer que la couture du cahier d'annexes est indépendante de la couture de la brochure ; en conséquence, les lecteurs qui voudront suivre plus facilement la description des tableaux en les ayant sous les yeux, n'auront qu'à couper le fil de la couture du cahier d'annexes et celui-ci se détachera facilement.

La colonne A répond à ce besoin.

Vous remarquerez que le chiffre des unités est imprimé d'avance ; il en résulte que pour les 10 premiers n°ˢ, vous n'aurez rien à écrire au Journal ; à partir de 10 jusqu'à fin le chiffre 1 sera placé une fois pour toutes devant le 0 et portera, sans l'écrire de nouveau, sur toutes les unités suivantes, jusqu'à 19 inclusivement ; puis le n° 2 devant le 0 pour les n°ˢ 20 à 29 et ainsi de suite ; à partir de 100, deux chiffres par dizaines vous suffiront ;

Indépendamment de l'impossibité d'omission ou de double emploi dans l'ordre numérique, ce petit système en plaçant toujours les unités à la même altitude, non seulement facilitera vos recherches, mais accoutumera petit à petit votre esprit, et votre méthode, à la précision mathématique qu'exige impérieusement toute comptabilité méritant ce nom.

Cette disposition se retrouvera dans tous nos journaux : nous n'y reviendrons plus.

Nous disions donc que vous avez à inscrire sur chaque facture le n° d'ordre auquel vous vous trouvez à son arrivée ; vous portez ensuite cette facture au journal et les colonnes B C D sont là pour recevoir la date, le nom des Fournisseurs et le montant de la facture.

Que peut-il arriver ensuite ? quand vous avez reçu la marchandise, et que vous la vérifiez, si elle n'est pas conforme, vous la retournez en totalité ou en partie : la colonne E comporte ce retour ; ou elle est conforme, et vous la conservez, ce que vous indiquez par un pointage de la colonne F (vu).

La facture à moins qu'elle ne comporte son règlement, peut alors être classée, son rôle est terminé. Mais si le rôle de la facture est terminé, l'opération elle-même ne l'est pas : la première phase seulement a parcouru son évolution.

Peut-être cette facture comporte son règlement, ou le recevrons-nous, ou le ferons-nous même tout à l'heure, dans quelques jours, dans quelques mois peut-être.

Ce règlement, nous aurons à le porter aussi dans son cadre, au n° d'ordre où nous nous trouverons ; mais comment relier ces deux écritures, pour les unifier, et trouver la seconde comme suite de la 1ʳᵉ sans la moindre recherche ? La colonne G va nous rendre ce service :

nous y inscrivons le n° d'ordre du règlement; et, en nous y reportant, nous trouvons la suite naturelle de notre opération.

Il nous reste à droite de notre cadre la colonne H, ayant pour titre : *Report au Grand-Livre* : ce report sera rarement utile à moins que vous ne fassiez vos règlements vous même : en dehors de ce cas, la pratique vous en démontrera la parfaite inutilité ; mais quand, exceptionnellement, vous voudrez suivre un compte pour le régler vous même, il vous suffira de remarquer les factures par un pointage quelconque, en les inscrivant à leur arrivée. Cela suffira pour vous avertir ; et bien entendu, comme cela se fait dans la pratique, la colonne H recevra *après le report*, le folio du compte ouvert au Grand-Livre.

2° Règlements

Quand arrive un règlement vous l'annotez du n° d'ordre auquel il va être inscrit ; vous vous reportez par les dates des factures au n° d'ordre de chacune d'elles (cadre factures) ; vous vous assurez que les sommes sont conformes au *vu*, que la déduction des rendus a été faite exactement, l'addition juste, l'escompte convenablement calculé et déduit, et les colonnes I à M vous dictent vos écritures.

Le pointage de la colonne N indiquera que vous avez pris note des échéances sur un carnet spécial, en y consignant en même temps le n° d'ordre du règlement ; la colonne O (report au Grand Livre servira quand aura servi la colonne H ; et la colonne P sera le trait d'union entre le règlement et le paiement, comme la colonne G a été le trait d'union entre la facture et son règlement.

3° Paiement

Quand un effet à payer vous est présenté, le carnet d'échéances vous indique s'il est *bon* à payer et sous quel n° il a été réglé ; vous reportant à ce n° du règlement, vous constatez à nouveau l'exactitude de son montant, inscrivez dans la colonne P le n° du paiement et passez votre écriture sans erreur possible ; vous inscrivez sur l'effet le n° d'ordre qu'il occupera comme pièce comptable, et indiquez ce n° dans la dernière colonne.

Dès à présent, vous pouvez constater que toute opération entrée au journal par son n° d'ordre, doit, sous peine de blancs ou lacunes, qui sont autant d'avertisseurs, ressortir parfaite, après sa complète évolution, par la colonne U qui fournit la justification de sa libération.

TABLEAU DE SITUATION

Le nombre des factures reçues étant naturellement plus considérable que celui des règlements et des paiements, lesquels comportent habituellement plusieurs factures, cela nous a permis d'utiliser la partie inférieure de ces deux cadres pour les situations qu'on peut établir en cinq minutes ; cela ne remplace pas, bien entendu, les résultats du carnet des *situations inventaires*, dont nous parlerons plus loin, et qui sont le couronnement de notre méthode ; mais cela donnera déjà de précieuses indications partielles, et rendra surtout service aux négociants, qui ne feraient, tout d'abord, l'essai que de notre *Journal des Fournisseurs*, conservant pour le surplus, leur ancienne méthode.

Ce petit tableau est tellement clair qu'une explication est presque superflue.

Les chiffres à porter sont les additions des colonnes du journal : 1° marchandises reçues : montant, D ; rendu, E ; net (V), la différence ; 2° à payer : exercice précédent, c'est le montant de ce que nous devions à nos fournisseurs à l'ouverture de notre journal ; exercice courant, V ; addition des 2 à la colonne suivante ; escompte et rabais à déduire, K ; reste net, différence (X) ; 3° redû : montant à payer, X ; payé : S ; redû net, différence.

Peut-être nous sommes-nous un peu longuement étendu sur ce journal, pour en bien faire comprendre le mécanisme ; mais nous passerons beaucoup plus rapidement sur les autres, qui ont avec lui une très grande analogie.

JOURNAL DES CLIENTS (Annexes, pages VI-VII).

Même système pour chaque article, des numéros d'ordre en A et rappelé en E, pour suivre plus commodément les articles à l'autre page.

Toute vente comporte d'abord une facture, que recueille un registre quelconque, que nous appelons facturier ; les factures seront elles-mêmes, pour la facilité des recherches, soumises à un numéro d'ordre que consignera la colonne B ; C, date : D, nom et domicile du client et énoncé des causes de l'écriture.

Toute vente se fait au comptant, ou à crédit, ou partie au comptant, et partie à crédit.

Toute vente au comptant se passe d'un report au Grand-Livre ; elle ne comporte qu'un paiement (G) avec ou sans escompte ou rabais (F).

Toute vente à crédit, et ses suites, doivent figurer au Grand-Livre : la colonne H en indique le folio (après le report toujours).

Elle comporte d'abord une facture *due* (colonne I), puis la libération de cette facture, soit par le rendu (J), soit par le paiement (L), avec ou sans escompte (K), soit par l'un et l'autre ; en tous cas, le paiement pour solde parfait l'opération.

Il est facile encore de voir que ce journal des clients peut donner, pour la situation, des indications analogues à celles du journal des fournisseurs ; mais inutile de s'en préoccuper ici, le carnet des *situations-inventaires* devant nous fournir automatiquement tous ces résultats.

JOURNAL DE LA MAISON (pages VIII-IX).

Toutes les opérations qui n'intéressent ni les comptes des fournisseurs, ni les comptes des clients, trouveront leur place au *journal de la maison ;* telles seront les écritures relatives aux comptes des banquiers, prêts, emprunts, port de marchandises, frais généraux, profits et pertes, etc.

Toutes ces opérations représentent des mouvements de caisse soit en recettes (G à I), soit en dépenses (J à N).

Toute opération concernant les profits et pertes (I et M) ou les frais généraux (L) n'a que faire au Grand-Livre ; nos colonnes le remplacent ; toute autre opération, au contraire, doit y être reportée ; à cet effet, les noms des comptes à mouvoir au Grand-Livre sont indiqués dans la colonne D ; les recettes portées en H et les dépenses en K ; toute somme portée ainsi en H ou en K doit expressément être flanquée à sa gauche (G ou J) de l'indication du folio du Grand-livre

auquel elle a *été* et non *sera* reportée ; la colonne **N** indique le numéro de la pièce-comptable justificative des dépenses ; les autres
colonnes parlent d'elles-mêmes.

Peut-être supposera-t-on que la manœuvre de ces trois journaux,
au lieu d'un seul, sera une difficulté dans la pratique ; c'est exactement le contraire qui arrive : D'abord les petits registres sont beaucoup plus maniables et plus commodes que les gros, et se tiennent
mieux ; mais ne vous figurez pas que vous serez obligé de jouer aux
cartes avec ces registres : En effet, vous vous servirez du journal des
fournisseurs, le matin, à l'arrivée du courrier, pour y inscrire les factures et les règlements qu'il vous apportera ; vous le reprendrez une
fois dans la journée, pour noter les factures *vues*, ou à l'arrivée d'un
garçon de recettes, pour payer des traites, et ce sera tout ; quant au
journal de maison, vous ne l'ouvrirez que très-intervallement, pour
noter un versement au banquier, ou une recette, quelques écritures
de frais généraux, ou profit et pertes ; le seul qui restera donc continuellement ouvert devant vous, et dont vous vous servirez couramment, sera le journal-clients.

Ajoutons que toutes les fois que le négociant a un personnel suffi-
sant, ou même quand il n'est aidé que des membres de sa famille, il
aura toujours le plus grand intérêt à faire tenir ses trois journaux par
trois personnes différentes, ayant chacune leur caisse ; les opérations se
simplifieront d'autant, et il ne pourra résulter que facilité et clarté de
cette division du travail ; indépendamment du relèvement moral que
procure toujours une fonction sérieuse à celui qui en est chargé.

JOURNAL DU PORTEFEUILLE (Annexes, pages x-xi).

La comptabilité du portefeuille présente avec notre système la
plus grande simplicité.

Nous considérons les effets à recevoir en portefeuille, simplement
comme espèces ou billets de banque ; et leur montant figurera, à ce
titre, au carnet de caisse générale :

Entre un billet de la Banque de France payable à présentation à
Paris, ou un billet sur un particulier ou une autre maison de banque,
payable ailleurs et à un jour déterminé, y a-t-il donc une différence

suffisante. pour justifier une comptabilité spéciale? Est-ce parce que
le billet de la Banque de France, bien que n'ayant pas cours forcé,
est généralement accepté sans difficulté et sans frais de change ? La
raison ne serait pas encore sérieuse.

On vous remet en paiement un effet à recevoir ; vous en portez le
montant aux recettes de la caisse : vous faites un paiement avec cet
effet, vous en portez le montant aux dépenses ; sauf à inscrire au
journal-maison, comptes profits et pertes, l'escompte ou le change
reçus ou payés.

Vous le négociez contre espèces. rien à faire — *quant à la caisse*
— puisque, si la nature de la valeur est différente, le total n'aura pas
été modifié, — sauf toujours le montant de l'escompte et du change
à inscrire au compte des *pertes* (journal de la maison).

Il en résulte que le petit commerçant, qui ne reçoit ou ne remet
qu'accidentellement un effet en paiement, pourra se passer *du journal
du portefeuille* que nous allons examiner plus loin ; et comme ses
effets seront peu nombreux, et resteront, en général, peu de temps
entre ses mains. il lui suffira de les compter comme espèces dans
sa caisse : en conséquence, le commerçant qui se trouvera dans ces
conditions, pourra s'éviter la peine de lire le surplus de ce chapitre (1).

Quant aux effets à payer, nous ne nous en inquiétons pas ; parce que
nous n'en voyons pas la nécessité :

Vous avez une somme de . . . à payer à une époque déterminée ;
votre carnet d'échéance est là pour vous en avertir, ou pour vous le
remémorer. Que vous payiez cette somme sur la présentation d'un
reçu, d'une traite, d'un chèque. ou d'un billet à ordre que vous aurez
souscrit sur la demande de votre créancier, en quoi cela peut-il vous
intéresser?

La nature de la pièce constatant votre libération aura été changée :
vous aurez à porter le n° de la pièce comptable sur un billet à ordre
au lieu d'un reçu ou d'une traite, — mais voilà tout ; et s'il y a un

------

(1) Si toutefois le négociant croyait devoir se mettre en règle avec les prescriptions de l'article 8 du Code de commerce qui lui impose de tenir note à son livre
journal de ses négociations, acceptations ou endossements d'effets, il lui suffira
de les noter sur le Journal-Maison, sans rien inscrire aux colonnes si ce n'est les
frais de change ou escompte s'il y a lieu.

autre intérêt, nous avouons humblement que nous ne l'apercevons pas.

Et c'est pourquoi, jusqu'à preuve du contraire nous ne nous inquiéterons pas des effets à payer (1).

Sur ce, ouvrons notre journal du portefeuille, qui sera indispensable au négociant qui voudra suivre le sort de ses effets, et examinons-le (pages x-xi).

Les n^{os} d'entrée (C à gauche) et les n^{os} de sortie (M à droite) sont comme pour les autres journaux imprimés d'avance en ce qui concerne le chiffre de l'unité ; ces n^{os} devant suivre constamment un ordre chronologique.

A chaque sortie d'un effet, on porte en D le n° sous lequel il sera inscrit à la sortie, et en N, le n° sous lequel il était entré.

Rien de particulier à signaler si ce n'est que les colonnes I et P, comprenant toujours, la première l'addition des entrées et la seconde l'addition des sorties, leur différence (I-P), inscrite dans la colonne G, nous donne le *compte permanent* des valeurs du portefeuille.

CARNET DE CAISSE GÉNÉRALE (Annexes, page xvi).

Le carnet de caisse générale contient l'énumération de toutes les causes de recettes et de dépenses, la balance, et l'addition des effets, billets de banque et numéraire trouvés dans la caisse ;

Là encore tout est prévu, préparé, et le comptable ne peut rien omettre.

CARNET DES SITUATIONS INVENTAIRES (Annexes, p. xii-xiii).

Le carnet des situations-inventaires se passe de toute explication ; pour en faciliter davantage encore l'emploi, les titres, colonnes indications des documents fournis par les journaux et carnets sont imprimés en noir ; les résultats tirés du tableau lui-même sont

---

(1) Les juristes nous diront bien que l'acceptation d'une traite, la création d'un effet, etc., ont pour conséquence une novation dans la créance ; cela peut donc avoir un intérêt au point de vue juridique, mais au point de vue comptable, nous n'en apercevons point.

imprimés en rouge (dans la présente méthode pour éviter l'impression des deux couleurs, les caractères italiques indiquent et remplacent l'impression en rouge).

Là, moins que dans les autres registres encore, aucune part du travail n'est laissée à la science du comptable : et toutes les déductions sont exclusivement automatiques.

Voilà donc, à la rigueur les tout petits registres suffisants pour la pratique de la comptabilité automatique ; vous n'y perdrez aucun de vos autres livres, sauf votre livre de caisse, qui encore pourra vous servir de grand-livre de maison ou de clients, ou encore de facturier ; et la petite dépense que vous aurez à faire vous économisera, beaucoup d'autres registres, puisqu'un livre-journal petit format, de 200 pages vous servira pour passer les écritures de 2.000 factures de fournisseurs, leurs règlements et leurs paiements, ou pour 2.000 factures ou articles de clients ; quand au journal de maison avec 100 pages, vous en aurez pour des années.

Remarquez bien que jusqu'à présent nous avons simplement examiné ensemble des dispositions de registres, que je n'ai employé aucun terme scientifique, et que je n'ai proposé à votre esprit aucune des locutions barbares de la comptabilité à parties doubles, aucune de ses formules déjà si pleines de difficultés pour les initiés et qui paraissent aux profanes complètement paradoxales.

Je continuerai de même à vous les épargner.

CHAPITRE III

DEUX MÉTHODES DE COMPTABILITÉ AUTOMATIQUE

Nous avons, pour les besoins du commerce, établi deux méthodes de comptabilité automatique ; elles ne diffèrent entre elles que par un seul point.

C'est que, d'une part, dans la première, le bénéfice est calculé sur le prix de vente d'après un coefficient basé sur une moyenne de majoration ; les opérations se représentant généralement dans le même commerce avec les mêmes errements, les mêmes lois d'évolution, le premier inventaire réel que nous ferons, nous dira si notre coefficient a été pris au delà ou en deçà de la vérité ; et au bout de peu de temps, nous arriverons facilement à un écart insignifiant ; cette méthode sera suffisante pour la plupart des moyennes et même des grandes maisons : en tous cas, en raison de son excessive simplicité, nous la conseillerons toujours pour commencer.

D'autre part, au contraire, dans la seconde méthode, le bénéfice est calculé réellement et exactement, comme différence entre le prix de revient et le prix de revente. Elle demande, non plus d'études, mais un peu plus de temps que la première ; et elle convient au négociant qui ne se contente pas d'une approximation, si rapprochée de la vérité soit-elle, qui ne reconnait, comme négligeable, la moindre quantité, et qui entend faire de la comptabilité une science rigoureusement exacte.

Les règles de l'une sont, du reste, les règles de l'autre ; nous appliquerons donc dans nos exemples uniquement la première, et indiquerons ensuite le petit supplément de travail que nécessite la deuxième.

CHAPITRE IV

PRATIQUE DE LA COMPTABILITÉ AUTOMATIQUE

PREMIÈRE MÉTHODE

Bien qu'automatique, il va de soi que notre comptabilité ne peut être mise en mouvement que par une action initiale.

Cette action résultera de l'application des quatre principes suivants :

§ 1ᵉʳ. — *En ce qui concerne le journal des fournisseurs,* pages IV-V.

1° *A l'arrivée de toute facture, y inscrire en tête à droite le numéro d'ordre sous lequel elle va être portée au journal et l'y porter ensuite.*

2° *N'inscrire aucun règlement qu'après l'annotation de son numéro d'ordre à tous les articles réglés.*

3° *N'inscrire aucun paiement qu'après l'annotation de son numéro d'ordre à l'article du règlement correspondant.*

§ 2°. — *En ce qui concerne le journal des clients,* pages VI-VII, *ne livrer aucune marchandise sans l'inscription de la facture au facturier.*

Voilà toute la science qu'exige la comptabilité automatique, et quand vous serez assez pénétré de ces principes pour vous en être f.i une loi, vos études seront terminées ; et si à cela vous joignez une écriture lisible et soignée, vous aurez tout ce qu'il faut pour faire un excellent comptable.

Mais, pour plus de garantie, nous allons, si vous le voulez bien, passer ensemble quelque pages d'écritures.

Supposons d'abord le cas le plus ordinaire, celui d'une maison dans laquelle une seule personne est chargée de la caisse et des écritures, et qui abandonne son ancien système de comptabilité pour le remplacer par notre méthode.

Occupons-nous d'abord des moyens transitoires, c'est-à-dire de ce qu'il y a à faire pour passer d'une comptabilité précédente quelconque à la nôtre ; ce sera tôt fait :

A la rigueur, on pourrait commencer d'emblée, et sans autre formalité que l'inscription du montant de la somme que nous avons tant en caisse qu'en portefeuille, comme premier article du journal maison, à notre crédit personnel.

Nous avons en portefeuille 3 effets, d'ensemble 850 fr. ci   850 fr.

Et en caisse, espèces et billets 1.325

Ensemble. 2.175

Portons immédiatement ces trois effets à notre journal portefeuille si nous voulons nous en servir (voir page v).

Puis, comme premier article du journal maison, notre crédit du montant de l'encaisse (voir pages viii-ix).

Nous avons dit qu'on pourrait, à la rigueur, commencer d'emblée les écritures sur les autres journaux, mais en ce qui concerne le journal des fournisseurs, pour ne plus avoir à faire ultérieurement de recherches ailleurs, nous commencerons, par y établir notre situation vis-à-vis de tous nos fournisseurs :

A cet effet, réunissons d'une part toutes les factures non payées, mais non encore réglées, c'est-à-dire pour lesquelles nous n'avons pas encore reçu de règlement avec avis de traite, ou que nous n'avons pas réglées nous-mêmes ; d'autre part, tous les règlements non échus et non payés : classons les factures par lettre alphabétique en faisant une seule liasse pour chaque fournisseur ; procédons de même pour les règlements, et ajoutons-y des fiches pour les règlements que nous aurions faits nous-même ; enfin assurons-nous par le dépouillement de nos registres, que nous n'avons rien omis et que nous sommes d'accord.

Faisons sur la première facture de chaque liasse l'addition du montant de toutes les factures du même fournisseur. Si nous n'avons pas le temps de reporter immédiatement au journal des fournisseurs, laissons les premières pages doubles nécessaires de notre journal qui comprennent chacune 20 factures et 20 règlements ; c'est-à-dire que si nous avons au plus 20 fournisseurs ou règlements, nous laisserons une page double, si nous en avons au plus 40 nous en laisserons deux et ainsi de suite.

Cela fait, nous sommes prêts à fonctionner, réservant pour quand nous aurons du temps libre, le report de nos factures et règlements, l'inventaire des marchandises, et la liquidation du grand livre.

Du 1ᵉʳ Janvier 1891.

Le courrier du 1ᵉʳ janvier nous apporte :

1° Une facture de Dambrun, s'élevant à . . . . 38 fr. 85
2° Une facture de Lainé, s'élevant à . . . . 327 fr. 30
3° Une facture de Maljean, s'élevant à . . . . 217 fr. 70

Nous ouvrons notre journal des fournisseurs (page ɪᴠ) à la page qui suit la réserve que nous avons faite pour établir la situation au 31 décembre 1890 ; nous inscrivons en titre (1891). Détachez le cahier d'annexes, ce sera plus commode à suivre.

Nous prenons la première facture *Dambrun* et inscrivons en tête à droite le n° 0 ; puis, à chaque colonne y affectée nous inscrivons 1 — Dambrun — 38 fr. 85 ; (inutile d'indiquer le domicile de Dambrun, que nous savons par cœur ; on ne le ferait exceptionnellement que pour un fournisseur avec lequel on ne serait pas en relations habituelles) ; notre écriture nous a donc coûté un chiffre, un mot et un nombre ; et cette inscription a suffi (comme nous le démontrerons plus loin) pour qu'il n'y ait plus d'erreur ni d'omission possibles.

Mêmes formalités pour les deux autres. Après quoi nous plaçons nos trois factures dans un carton ou un casier ayant pour titre : *Marchandises en route.*

4° Nous donnons tant au facteur qu'aux garçons de magasin, une somme totale de 45 francs pour étrennes. Cet article ne concerne ni les fournisseurs ni les clients, donc sa place est au Journal de la maison au compte frais généraux, nous l'y passons (voir page ᴠɪɪɪ).

Du 2 Janvier.

Le 2 janvier, en raison de la fête de la veille, le courrier ne nous apporte rien ; nous profitons du loisir qu'il nous fait pour reporter au commencement du Journal, notre situation vis-à-vis de nos fournisseurs. Nous inscrivons en tête de la page : *Situation au 31 décembre* 1890, puis, par lettre alphabétique, le nom de chaque fournisseur avec la somme totale qui lui est due (page ii).

Une seule observation : les comptes des fournisseurs étant généralement créditeurs, une seule colonne suffit ; mais il s'est trouvé exceptionnellement que les comptes *Maillard* et *Sarre* sont au contraire débiteurs, c'est-à-dire que ce sont eux qui nous redoivent ; dans ce cas, comme toutes les fois que cela se représentera, nous les inscrivons à l'encre rouge ; l'addition générale se fait sans en tenir compte et on en retranche au contraire l'addition des nombres rouges pour avoir le *total net* ; ici, pour éviter une impression en deux couleurs, nous avons porté en lettres *italiques* les comptes débiteurs.

Nous relevons de même les règlements non payés, et l'examen de la situation, pages ii-iii, nous démontre qu'au 31 décembre nous devions nos fournisseurs :

Factures non réglées. 1.829 65
Règlements. 1.206 25

Total dû 3.035 90

Nous constatons par un pointage dans la colonne *vu* des factures de la situation au 31 décembre toutes celles dont la marchandise a été vérifiée, trouvée conforme et marquée ; c'est le cas général, sauf une de George et deux de Royer ; nous les retirons de leur liasse pour les placer toutes les trois dans un carton ou un casier ayant pour titre : *à marquer* ou *à vérifier*. Ensuite nous relevons sur notre livre d'échéances les traites que nous avons à payer par suite des règlements compris en la situation au 31 décembre.

Habituellement, pour la rapidité des recherches et de l'annotation, nous indiquerons au livre des échéances le numéro des règlements correspondants ; mais ici comme ces règlements sont classés par ordre alphabétique, au lieu du numéro d'ordre nous noterons l'année (1890) ; et nous indiquerons par un pointage, à la colonne *noté*, que le report au livre d'échéances a été fait.

Du 3 Janvier.

Le 3 janvier, le courrier nous apporte :

1° Un bordereau de Maldier, notre banquier, constatant qu'il a acquitté pour notre compte les deux traites Leleu et Louvel au 31 décembre 1890, et s'élevant ensemble à la somme de 160 fr. 10 ; nous nous trouvons donc avoir payé ces deux traites au moyen d'une avance de 160 fr. 10 que Maldier nous a faite, et comme *toutes nos opérations se passent et se contrôlent par la caisse*, nous avons, à titre très exceptionnel, deux écritures à passer.

1° Au Journal maison, l'avance que nous fait le banquier (page VIII, n° 2).

2° Prenant le Journal des Fournisseurs, page IV, après avoir noté à la colonne P que ces traites vont être inscrites sous les n°ˢ 0 et 1, nous en passons écritures au même Journal (page V ,Paiements) , nous annotons les traites des n°ˢ 1 et 2 comme pièces comptables, ainsi que la colonne du même nom, et nous les classons dans un carton ou casier intitulé : *Pièces comptables.*

2° Nous recevons également par la poste, de Dauvergne, l'avis du règlement de la somme que nous lui devons par :

Escompte 3 0/0 . . . . 2 10
Sa traite au 15 février 1891. . . . . 68 20

                                Total égal. 70 30

Nous inscrivons d'abord en haut de la lettre, à droite, le n° 0, sous lequel le règlement va être porté, pages IV-V ; nous nous assurons à la situation, page II, que nous devons bien cette somme-là, et nous notons à la colonne G, pages IV-V, le n° 0 sous lequel elle sera inscrite : ensuite nous passons notre écriture ; tout cela nous a coûté quatre chiffres, deux nombres et deux mots.

I. — Un client, M. Durand-Bélème, nous achète pour 128 fr. de marchandises.

Il nous remet en payement un billet à son ordre au 15 courant de. . . . . 95 fr.
Et nous redoit. 33

                                Total égal. . . . . . . 128 fr.

Nous ouvrons notre journal-clients et passons l'écriture (voir p. VI-VII) ; puis nous notons l'effet au journal du portefeuille (p. X), nous additionnons immédiatement 850 et 95 et indiquons le résultat de la réunion : 945.

II. — Nous faisons ensuite deux factures, Serrier et Jouval au comptant (voir pages VI-VII).

III. — Un de nos clients débiteurs, Langard de Domremy, nous verse un à-compte de 70 fr. sur ce qu'il nous doit (voir mêmes pages).

IV. — Le soir nous rentrons à la caisse le produit d'une petite caisse que nous avons pour le détail au comptant (60 fr. 25).

V. — Puis, après avoir additionné au crayon les colonnes de nos trois journaux, nous faisons notre caisse que nous, trouvons exacte ; nous reprenons un à un, pour les pointer, les articles du facturier pour nous assurer que toutes les factures sont bien reportées au Journal ; (dans la pratique ce report se fera le soir seulement et une fois pour toutes (le Journal ne recevra, séance tenante, que les écritures relatives aux paiements ou aux rendus sur l'antérieur qui ne comportent pas de facture) ; ensuite nous reportons au Grand Livre les articles du Journal maison et du Journal clients.

Du 4 Janvier

I. — Nous trouvons une facture Jounet de 456 fr. payable à deux mois sans escompte et une facture Bernard de 36 fr. sans règlement.

Nous les portons aussitôt au Journal des fournisseurs, après les avoir revêtues de leurs numéros d'ordre et les plaçons dans le casier des marchandises en route.

Le casier suivant a pour titre *vu* : nous y apercevons des factures dont les marchandises ont été vérifiées et marquées. C'est d'abord la facture George qui porte l'estampille *vu*, sans observations, ce qui indique que la marchandise était conforme et bonne à payer ; nous faisons le pointage à la colonne *vu* de la situation au 31 décembre ; puis les deux factures Royer, l'une avec *vu* et l'autre avec la constatation d'un *rendu* de 26 fr. 70 ; nous allons porter ce rendu au numéro où nous nous trouvons, c'est-à-dire au numéro 5 (page IV), et pour qu'il ne puisse nous échapper, au lieu de pointer la colonne *vu*, nous y inscrirons (autant que possible à l'encre rouge) ce chiffre qui est un numéro *de suite* ; en sorte qu'en recevant le règlement de Royer ou quand le réglerons nous-même, il nous sera impossible de perdre de vue ce *rendu*.

Nous n'aurons plus à toucher à ces factures, nous les classons pour n'y plus revenir.

II. — Le garçon rentre de la gare avec les marchandises de Dambrum et Maljean (numéros 0 et 2, p. iv); il prend dans la case « *En route* », ces deux factures, y annote les ports qu'il a payés pour permettre à la personne qui marquera, d'établir le prix de revient, les place dans la case *à marquer* et remet au caissier le surplus de la provision qu'on lui avait donnée. Ne faisant pas encore usage du carnet de transports que nous vous conseillons plus loin, nous portons le coût du transport au Journal maison pour le reporter au Grand-Livre (voir p. viii-ix).

III. — Ventes à crédits à Baulard 69 fr. 50, Perrin, 35 fr. 20, et Humblot 68 fr. 90 (voir pages vi-vii).

IV. — Vente à Durand-Bélème de 78 fr. qui verse un acompte de 50 fr.

V. — On rentre de la petite caisse pour vente au comptant 34 fr. 65.

VI. — Le soir on fait la caisse et les reports au Grand Livre.

Du 5 Janvier

I. — Nous recevons trois factures Georges, Loussel et Royer ; comme toujours, indication du numéro d'ordre sur la facture, et passation au journal (voir page iv), nous les plaçons ensuite dans la case *en route.*

En même temps que sa facture, nous recevons de Royer le règlement des factures de 1890 ; nous inscrirons d'abord sur ce règlement le numéro auquel nous nous trouvons (numéro 1, p. iv-v) puis nous nous reportons à la situation du 31 décembre nous constatons que le total 532 fr. 50 est bien conforme ; le rendu de 26 fr. 70 déduit ; reste 505 fr. 80, escompte 3 0[0 15 fr. 20, net 490 fr. 60, pour laquelle somme il nous avise d'une traite au 15 février ; nous notons à la situation le numéro 1 du règlement, de même qu'au rendu du numéro 5 de 1891 ; après quoi nous inscrivons notre règlement.

II. — Nous recevons également le règlement de Boisseranc et procédons de même.

III. — On nous présente les traites Baudot-Mabille et Clerget ; le livre d'échéance nous indique les numéros de leurs règlements ; nous nous y reportons et c'est conforme ; nous notons à la colonne P le paiement de Baudot-Mabille sous le numéro 2 et le paiement de Clerget sous le numéro 3, puis passons écritures et payons ; nous inscrivons sur les traites les numéros des pièces comptables et les classons.

IV. — L'occasion s'offre pour nous de payer Bailly : nous allons faire son règlement avec 2 0/0 d'escompte sous le numéro 3 ; nous notons ce numéro à la colonne C de la situation et passons l'écriture ; nous notons à la colonne P le numéro du paiement et passons également l'écriture sous le numéro 4.

Nous remettons à M. Bailly, contre son reçu pour solde, notre effet de 250 fr. sur Neufchâteau à fin février, et 41 fr. 65 en espèces ; nous faisons ensuite la sortie au journal du portefeuille (page xi).

V. — Nous recevons d'un de nos débiteurs un acompte de 250 fr. (Journal Client).

VI. — Nous faisons quatre factures au comptant, Gervais. Louis, Lebrun. et Picard, et un, à crédit : 81 fr. 40 à Grimard.

Nous perdons 1 fr. 50 sur une pièce de 5 fr. de Roumanie (Journal maison = *pertes*).

VII. — Un de nos débiteurs en retard nous demande un nouveau délai, il nous offre et nous paie 6 fr. pour intérêts au 1ᵉʳ Janvier courant (Journal. maison, *profit*).

VIII. — Nous négocions nos deux effets numéros 0 et 2 et le banquier nous prend pour escompte et change la somme de 4 fr. 50, la situation de notre caisse n'a pas changé puisque les deux effets y figuraient pour leur valeur nominale ; nous avons simplement remplacé 600 fr. de papier par 600 fr. espèces, sous la déduction toutefois de 4 fr. 50 que nous passons au compte, *pertes*, du Journal maison ; nous passons aussi écriture de la sortie des effets au Journal du portefeuille (page xi).

IX. — Nous rentrons les recettes de la petite caisse au comptant, soit 49 fr. 05.

X. — Enfin nous faisons notre caisse (cette fois ensemble voir page xvi).

Le soir nous faisons nos reports au Grand Livre et au livre des échéances.

Multiplier les exemples serait une répétition inutile ; nous nous en tiendrons là.

Mais établissons, si nous le voulons la petite situation du journal des fournisseurs (page v).

Nous y constatons que depuis le 1er janvier nous avons reçu net pour 1.265 fr. 90 de marchandises ; que nous avions à payer, avec la situation au 31 décembre et sous la déduction de l'escompte qui nous a été fait, la somme de 4.272 fr. 45 ; et qu'ayant payé sur cette somme 604 fr. 10 nous redevrons à ce jour à nos fournisseurs 3.668 fr. 35 ; dans un mois, dans six mois, dans un an, cette situation s'établira toujours avec la même facilité.

Mais sans nous contenter de ce petit résultat, voulons-nous établir notre situation complète au carnet des *situations-inventaires ?*

Le temps nous a permis de faire le dépouillement de notre Grand Livre, et il est résulté de notre liquidation :

1° Qu'il nous était dû par nos clients une somme totale de 35.844 fr. 60.

2° Que les divers comptes de banquiers prêteurs, emprunteurs et autres qui doivent fournir dorénavant l'aliment des colonnes du Grand Livre, de notre *Journal maison.* présentaient à notre actif un total de. . . . . 3.840 fr. 50

Et à notre passif un total de. . . . . 12.540 fr. 35

Notons déjà ces résultats en tête de la première feuille du Journal des situations-inventaires (pages xii-xiii).

Nous n'avons pu faire l'inventaire de nos marchandises ; mais pour pouvoir suivre aussi efficacement que possible l'évolution de nos opérations, nous prenons dès à présent une base approximative. et fixons ce chiffre à la somme de 30.000 francs, sous réserve de la rectifier, en plus ou en moins, lors du premier inventaire réel qu'il nous sera possible de faire ; notons également ce chiffre ; ainsi que le chiffre de la dette aux fournisseurs que nous donne la situation au 31 décembre (pages ii-iii).

Cela étant, le reste va tout seul, et tout seul jusqu'au bout :

Les documents de tous les numéros noirs, nous l'avons déjà dit, sont fournis par les journaux ; ainsi, le Journal des fournisseurs, nous indique le montant des factures, du rendu, des escomptes et des paiements ; le montant des ports seuls n'y a pas été compris, pour simplifier les écritures et, en raison de la commodité du carnet de transports, que nous conseillerons plus loin ; provisoirement il nous sera fourni par le compte du Grand Livre ; pour les autres journaux, il en va de même.

Les documents des numéros rouges sont toujours fournis par l'addition ou la différence des numéros précédents et l'opération est *toujours indiquée* dans la colonne : *obtenus par* ; donc nulle difficulté.

Deux observations seulement :

1° En ce qui concerne le coefficient des majorations pour le calcul du bénéfice brut (n° 19) nous avons déjà fait comprendre qu'il devait être mûrement pesé, eu égard à la moyenne de majoration, et à la proportion des quantités des éléments diversement majorés ; si, du reste, ce chiffre était sensiblement inexact, le premier inventaire réel nous en donnerait promptement la rectification.

2° La solde des créances actives et passives de la maison étant *passif* rien à porter au n° 26.

Nous venons donc d'établir la situation inventaire au 5 janvier 1891 ; or, nous avons mis à faire ce travail, *montre en mains*, 12 MINUTES !! et il ne sera jamais plus long, et ne prendra jamais plus de temps : il en résulte donc, *qu'avec note système* tout commerçant pourra *toujours à quelques moment* que ce soit, en *une moyenne de 12 minutes. obtenir 33 résultats de ses opérations* y compris : *son chiffre d'affaire, le montant de ce qu'il doit, le montant de ce qui lui est dû, la valeur de ses marchandises en magasin, son bénéfice brut, son bénéfice net etc.*

CHAPITRE V

REGISTRES ET MOYENS ACCESSOIRES

Nous vous avons parlé dans le chapitre précédent des livres *indispensables* pour la pratique de la comptabilité automatique ; nous vous entretiendrons ici de divers registres et moyens accessoires, d'une très-grande utilité, et qui sont appelés à faciliter singulièrement votre tâche (1).

La comptabilité étant une chose ingrate et fatigante par elle-même, rien de ce qui peut constituer un perfectionnement, ou procurer un soulagement au comptable ne doit-être négligé.

I. — Facturier. — Factures.

La première condition pour suivre une vente et ne pas faire d'omission, que la vente soit faite au comptant ou à crédit, c'est de l'inscrire sur un registre spécial appelé *facturier*. Qu'elle que soit la perfection d'une méthode de comptabilité, elle sera inhabile à vous faire la moindre révélation si cette condition première n'a pas été exécutée,

---

(1). Tous nos modèles sont déposés en France et à l'étranger, conformément à la loi, et par conséquent ne peuvent-être imités ou reproduit même avec modification par qui que ce soit ; mais on pourra toujours se les procurer à des prix très-raisonnables chez notre éditeur, maison Michel-Salzard à Greux-Domremy (Vosges).

de même que le meilleur estomac sera impuissant à vous nourrir, si vous ne lui donnez rien à digérer.

Vous avez donc votre ancien journal qui va vous servir de facturier, et vos anciennes factures volantes, que vous tenez à épuiser : soit. Mais ne manquez pas d'attention, et imposez-vous la double règle : 1° de ne jamais faire une livraison sans son inscription au facturier. 2° de ne jamais commencer par écrire la facture volante à remettre au client, cette facture devant toujours être *copiée* sur celle du facturier. Mais quand votre journal sera rempli et vos factures épuisées, nous avons divers moyens de vous forcer la main.

Tout d'abord nous vous dirons que nous sommes absolument ennemi des factures volantes, lesquelles ne laissent aucune espèce de trace de leur remise, et qui, au surplus, finissent toujours, avec celles qu'on perd ou qui se gâtent, par coûter beaucoup plus cher que le petit supplément de prix du numérotage, de perforage et de la couture des factures en bloc.

Le moins que nous vous conseillerons ce sera donc les factures réunies en bloc et *numérotées* : à cela vous joindrez un registre *facturier* disposé comme suit :

Jeudi 5 février 1891.

N° de la Facture	Quantités	MARCHANDISES	Prix de l'Unité	PRIX Total	A Montant de la Facture	B Payé	C Reste	D
1		M. Martin-Barrois à Coussey						
	6 k. 350	Savon blanc	0.60	3.80				
	25 k.	Sucre	113	28.25				
	30 k.	Riz	36	10.80				
	10 k.	Café Martinique	4.90	49	91.85	75	16.85	
2		M. Bernard						

Les avantages de ce système sont déjà faciles à constater.

1° Dans le cas où vous omettriez d'inscrire la facture à votre registre, le client, lui, ne manquera pas de vous la réclamer ; or, le soir en pointant tous vos numéros de factures, vous reconnaîtrez vite que l'un d'eux manque ; et comme ce sera le jour même, il vous sera facile de vous rappeler quels sont les clients qui sont venus, quelles ventes ont été faites, et au besoin vous réclamerez communication de votre facture pour l'inscrire, et réparer votre omission.

2°. L'addition au bas de chaque page de la colonne B sera contrôlée d'une part par l'addition de la colonne A, et, d'autre, part par la réunion des additions des 2 colonnes C et D.

3° Vous pouvez ne porter à votre journal le soir qu'un seul article pour le montant des factures au comptant de la journée.

Si au lieu du facturier, vous avez l'habitude de copier à la presse vos factures préalablement faites à l'encre communicative, il faudra, pour la même raison que dessus, que les pages correspondent aux numéros des factures.

Vous pouvez encore vous servir d'un carnet de factures perforées à *souche*, et la souche sert de facturier.

Enfin, le mieux, à notre avis, tant au point de vue de l'économie de de temps que de la parfaite similitude des documents, c'est la facture en feuilles doubles, la première décalquée sur la seconde au papier gras bleu ou noir ; ce sera la première qui sera remise au client, si elle est faite à l'encre au moyen de la plume de verre, qui recopie très bien avec la moindre habitude, et ce sera la seconde, si la première est faite au crayon seulement.

Pour le menu détail, dont on ne prend pas note habituellement, quand on ne s'astreint pas à une caisse régulière ; nous vous conseillerons un moyen aussi commode que peu coûteux.

A côté de la caisse du détail, vous avez un petit cahier haut et étroit dans le format ordinaire des petites mains courantes; il se compose de feuillets perforés à détacher et remettre au client ; le feuillet suivant sur lequel la facture est recopiée au papier **gras bleu** sera conservé et sert de souche; ces feuillets sont simplement réglés comme suit:

A   B

La colonne A sert au détail des sommes et la colonne B reçoit le total en cas de paiement; le verso du folio précédent toujours ouvert devant vous à gauche, vous servira pour les calculs que vous pouvez toujours ainsi revérifier en cas d'erreur.

Au moyen d'une règle ou du sous-main en zinc, vous déchirez la note immédiatement après le dernier article pour la remettre au client. Une loi sévère doit présider au fonctionnement de ce système: c'est la défense absolue de livrer la moindre marchandise sans une note remise au client; on pourra du reste s'assurer de la remise de cette note par un contrôle, ne fût-il qu'intermittent, par le bureau qui se trouve le plus rapproché de la porte de sortie.

Les avantages de ce système sont aussi manifestes que nombreux:

1° Il présente une grande économie, puisque réglé et perforé seulement, d'une part, il ne coûte guère que le prix du papier, et que, d'autre part, on n'en use pas plus que n'en demandent les articles facturés.

2° Au moyen de la note remise au client et dont copie reste à la souche, on est armé contre les réclamations qui sont assez souvent faites pour de prétendues erreurs dans les comptes des ventes au comptant, surtout quand on envoie des enfants comme commissionnaires.

3° La colonne B recevant seule le montant des paiements comptants, la caisse se fera le soir avec la plus grande facilité, quand même les ventes auraient été faites par plusieurs personnes différentes au hasard de l'échéance, comme cela arrive le plus communément ; aucune soustraction dans la caisse n'est plus possible, puisqu'elle se manifesterait, ou par le défaut de remise d'une note, ce qui est contrôlable, et ce dont ne voudraient pas du reste les clients, une fois l'habitude prise ; ou par un déficit que l'addition de la colonne B constaterait infailliblement le soir ; ce système réalise donc la solution d'un problème cherché depuis longtemps par la plupart des petits commerçants, à savoir : *la caisse et le contrôle sans caissier*.

4° Un client, après avoir fait quelques menues provisions de détail, veut passer à un autre rayon pour des achats plus importants, et avec l'intention de régler le tout ensemble ; plus n'est besoin de le suivre, ni de notre concours pour la confection de sa facture générale ; si c'est en province et que vous connaissiez votre client — c'est le cas ordinaire — vous inscrivez son nom au bas de la note et la lui remettez : cela suffit ; si c'est dans une grande ville, ou si vous ne connaissez pas votre client, vous remettez la note à l'employé qui prend la suite et tout est dit.

Le soir, en faisant la caisse et le dépouillement des notes du jour, vous vous assurez que tous les articles non sortis comme payés, dans la colonne B, ont bien été facturés ou payés à la grande caisse.

II. — Grand-Livre

Quand votre Grand-Livre sera rempli, nous ne saurions trop vous conseiller le modèle suivant qui comporte trois colonnes au lieu de deux :

				DOIT	AVOIR	SOLDE
91	février	5	Sa facture n° 95.	67.40		67.40
»	»	10	— — 105.	92.10		99.50
»	»	13	Reçu à valoir.		80	19.50
»	»	18	Sa facture.	25.90		45.40
»	»	22	Reçu solde.		45.40	0.

Ce modèle a l'avantage de toujours donner la situation des comptes avec un supplément de travail insignifiant ; puisque chaque fois, il n'y a à faire qu'une addition de deux nombres ou une soustraction : il présente, en outre, un moyen de contrôle, et on ne doit pas le négliger chaque fois que l'on règle pour solde : c'est que l'addition des deux colonnes Doit et Avoir qui n'a jamais été faite, doit donner les deux mêmes chiffres après paiement ; ou, avant paiement, la dernière différence portée au solde.

Dans le cas, comme toujours, où l'un de ces comptes de clients habituellement débiteurs, se trouverait créditeur, le solde s'inscrirait à l'encre rouge.

Avec ce système aussi, le dépouillement du registre et le travail de liquidation se font en très peu de temps.

Ajoutons que nous n'entendons parler ici comme Grand Livre que du Grand Livre des *clients ;* nos opérations gagneront beaucoup en clarté et en simplicité, si un Grand Livre correspond à chaque journal ; et cela deviendra même indispensable dans le cas où l'on distribuerait à 3 personnes les trois journaux ; en outre, il faudra pour les Grand Livres de maison et des fournisseurs deux petits livres de quelques pages seulement ; de plus, le maître de maison ne sera pas fâché de conserver par devers lui le Grand Livre de maison qui renferme, en fait, la clef de sa situation active et passive, et de le soustraire ainsi à l'indiscrétion de ses employés.

III. — Report au Grand Livre.

Nous étant inspiré d'un excellent conseil donné par M. Arthur Michel, (on n'emprunte qu'aux riches) nous vous indiquerons un moyen infaillible d'éviter, dans les reports au Grand-Livre les erreurs, et les interminables pointages qui en étaient la conséquence.

Généralement ce raport se fait à deux : le 1er qui cherche sur la table ou répertoire le fo du Grand Livre, et l'indique au second, qui écrit l'article sous la dictée du premier ; celui-ci aura devant lui un petit cahier ou une feuille quelconque à 2 colonnes, une pour le *doit*, et l'autre pour l'*avoir* ; après avoir inscrit la somme au Grand-Livre, le second la redicte au 1er, en indiquant d'abord la colonne *doit* ou *avoir* et en *lisant* ensuite le montant de la somme telle qu'elle est portée au Gran-livre : c'est avec intention que nous disons en *lisant* car ce sont les *yeux* qui doivent dicter et non la *mémoire* de la somme précédemment entendue.

On a déjà compris que le travail de report terminé, l'addition des colonnes du cahier ou de la feuille de contrôle doit concorder avec l'addition des colonnes du Journal, sous peine d'une erreur que la collation révélera immédiatement avec la plus grande facilité.

Quand le report se fait par une seule personne, elle doit annoter elle-même la feuille ou le cahier de contrôle ; mais toujours en prenant exactement le chiffre du Grand-Livre.

IV. — Relevés des Comptes.

Nous avons depuis longtemps créé, pour les remettre à nos clients, des petites feuilles en carte forte, qui, pliées en deux, se mettent facilement de la poche et indiquent à l'extérieur le nom de la maison et celui du titulaire du compte et, à l'intérieur, renferment les mêmes dispositions que celles de notre Grand Livre.

Ces petits relevés de comptes nous ont rendu les plus grands services.

Beaucoup de clients dormaient autrefois sur leur situation, qui viennent aujourd'hui, le plus souvent possible, faire décharger leur relevé, de quelque acompte.

Quelques-uns mêmes, ennuyés de ce chiffre avertisseur qui, constamment, les rappelle à l'ordre, ont été les premiers à nous proposer la souscription d'une reconnaissance pour décharger d'autant leur compte : c'est toujours autant de réglé.

En outre, plus de surprises, plus d'étonnement réel ou feint ; chacun sait ce qu'il doit et ne songe pas à contester un chiffre qui est devenu son intime compagnon.

S'il lui arrive parfois, avec ou sans intention, d'oublier de prendre son relevé pour venir faire de nouveaux achats, il ne l'oubliera pas quand il viendra faire un paiement ; vous y ajouterez alors les articles en retard, et tout sera dit.

Essayez de quelques-uns de ces relevés ; prenez simplement des relevés sans le nom de votre maison dits *omnibus* que vous revêtirez de votre griffe ; vous ferez une toute petite dépense et vous verrez que vous vous en trouverez bien.

V. — Dépouillement du Grand Livre

Pour le dépouillement rapide du Grand Livre des clients nous avons fait établir de petits cahiers in-4° carré, simplement réglés et d'un prix très minime ; l'établissement des situations commence au verso de chaque feuillet pour se poursuivre au recto du suivant. La première colonne est pour le folio du Grand Livre, la deuxième le nom des comptes et les 12 suivantes pour 12 situations successives.

Le folio et le nom ne sont donc inscrits qu'une seule fois pour 12 situations ; ils doivent suivre l'ordre rigoureux du Grand Livre.

Quand, plus tard, le Grand Livre se charge et qu'on prévoit que de nouveaux comptes seront reportés à des folios déjà occupés, il faudra laisser quelques lignes au bas de chaque page de notre cahier, pour y recevoir les nouveaux venus, de façon à pouvoir inscrire continuellement sous la dictée sans tourner les feuillets ni se reporter ailleurs.

Il est bien entendu que les soldes en rouge (créditeurs) doivent également être reportés à l'encre rouge.

On opère à deux, l'un dicte l'autre écrit, et cela marche avec une rapidité étonnante.

Nous avons fait l'expérience à la deuxième situation, c'est-à-dire alors que les noms étaient déjà écrits, nous avons relevé notre Grand Livre comprenant 180 comptes en moins d'une demi-heure ; mais sans les additions qui restaient à faire.

VI. — Carnet d'Échéance.

Jusqu'alors les carnets d'échéance ont été divisés en douze parties égales — une pour chaque mois ; en sorte que pour retrouver l'indication d'une échéance, vous étiez obligé de chercher dans la totalité des effets à payer de chaque mois.

Le nôtre, au contraire, est divisé *par jours* et avec une provision de papier pour chaque jour, calculée en raison de l'importance habituelle de son échéance ; des onglets indiquent : le premier, les effets payables à vue ou à présentation, et les autres les dates de 1 à 31 ; on voit déjà l'économie de cette division par 32 au lieu de par 12 ; de plus, les fins de mois sont dédoublées par 30 et 31 ; si la division n'est pas encore suffisante pour trouver du premier coup, les feuillets de ces échéances, comme ceux de l'échéance du 15, peuvent être eux-mêmes divisés par mois ; il en résultera que pour les échéances du 15, et de fin de mois le champ des recherches se trouvera incomparablement retréci.

Ajoutons que des feuilles de papier buvard, intercalées entre chaque feuillet, en facilitent beaucoup l'emploi.

VII. — RÉPERTOIRE DU GRAND LIVRE

Notre répertoire du Grand livre est disposé pour recevoir dans une première colonne les domiciles par lettre alphabétique, puis, dans la deuxième colonne tous les noms de ce même domicile dont l'initiale est celle indiquée par l'onglet ; ce qui, encore, décime le champ des recherches.

VIII. — CARNET DES SITUATIONS GRAPHIQUES
(Annexes, page 1)

Les chiffres ne parlent qu'à l'imagination et encore faut-il qu'ils soient pris isolément.

Les tableaux graphiques, au contraire, parlent aux yeux, et permettent d'embrasser, d'un seul coup d'œil, toute l'évolution et la progression des affaires et des situations.

Prenons en exemple, un de nos tableaux graphiques qui comportera le chiffre d'affaires, la valeur des marchandises et notre actif net (nous ne porterons jamais plus de trois résultats au même tableau, pour ne pas trop le charger et pouvoir le rendre saisissant avec les trois seules encres noir, bleue et rouge ; mais ces tableaux peuvent comporter tous les résultats du carnet des *situations-inventaires*, il suffira de prendre un carnet graphique, pour trois résultats qu'on voudra suivre, et indiquer sur le titre de chaque carnet ce qu'il renferme).

Notre tableau comporte 80 et quelques lignes horizontales réglées au millimètre ; elles nous indiquent les sommes ; les lignes verticales nous donnent l'indication des dates des situations : il y en a 12 par page ; soit une par mois ; ceux qui voudraient faire leur situation tous les 15 jours, n'auraient qu'à s'arrêter à la ligne grise intercalaire.

Les lignes horizontales sont cotées suivant les chiffres présumables qui doivent figurer au tableau ; supposons, par exemple une maison faisant moins de 80.000 fr. d'affaires, pour avoir 0 en bas et 80,000 en haut, nous établirons notre cote à raison d'une ligne grise par 10.000 fr. ; pour plus d'exactitude nous tirerons une ligne bleue aux 5.000 et une ligne rouge aux 2.000 nous aurons ainsi notre cote complète.

Si elle fait le double, nous coterons par 2.000 ; et si elle fait que 1/2 par 500, en tous cas, chacun disposera facilement sa cote suivant ses besoins.

Inutile de longuement d'expliquer comment se dresse le tableau graphique ; il suffit de prendre au carnet des situations-inventaires les résultats que l'on veut indiquer, et tirer une ligne du point de départ à la hauteur du chiffre correspondant.

Ainsi, nous constatons au tableau ci-dessus que le montant de nos marchandises en magasin, qui était au 1er Janvier de 53.800 fr. environ, se trouve de 51.000 au 1er Février, de 46.000 au 1er Mars etc. ; que notre chiffre d'affaires s'est élevé au 1er Février, de 0 à 10.100. au 1er Mars à 15.800, au 1er Avril à 23.000, etc...

Après cette première année, les dispositions du pliage du papier et des caoutchoucs qui le maintiennent vous permettent de fixer les feuilles pour recevoir la 2e année : et ainsi de suite ; et quand vous voulez vous rendre compte du développement de vos affaires depuis le commencement, vous enlevez les caoutchoucs, étendez la feuille et un coup d'œil vous suffira pour vous rendre compte de l'ensemble de vos affaires depuis plusieurs années.

Appliqué au chiffre de votre crédit sur vos clients, cette inspection peut, par exemple, vous donner plus d'un avertissement salutaire, et vous faire examiner de plus près quels sont les crédits qui prennent une extension anormale ; appliqué aux frais généraux, vous inspirer la nécessité d'une réforme à droite ou à gauche, etc.

En un mot, cela vous constitue comme la projection vivante de toutes vos opérations.

PLURALITÉ DES CAISSES

Nous sommes absolument partisan de la pluralité des caisses ; la division des responsabilités ayant toujours ce double résultat avantageux, de relever d'une part le niveau moral de ceux à qui elles incombent, et d'autre part, de soulager considérablement les employés principaux et surtout leurs registres.

Prenons un seul exemple: vous devez une somme de 13 fr. 50 que vous voulez envoyer en un mandat-carte à votre créancier, pour lui éviter les frais d'une traite ou d'un recouvrement par la poste ; votre mandat-carte vous coûte 13 fr. 50 plus 0 fr. 15 de frais; et, en soldant le compte par 13 fr. 50, vous êtes obligé de passer au journal maison un article de 0 fr. 15 à la colonne des frais généraux ; ces mêmes faits se représentent fréquemment et arrivent ainsi à charger les livres principaux, rendre les additions plus laborieuses, et nuire, en fin de compte, à la clarté qui résulte toujours de toute simplification.

Si au contraire, vous avez une petite caisse sur un carnet quelconque pour : *frais de poste et menus frais généraux*, vous n'aurez qu'à y prendre ces 0 fr. 15 et tout sera dit. Cette petite caisse aura son compte à votre journal et à votre livre de maison, et vous n'y consignerez que les sommes rondes que vous lui remettrez.

Il en sera de même du *carnet de transports* dont nous allons vous entretenir.

IX. — Carnet de Transports

Voici un petit livre qui vous rendra plus de services que bien des gros. Il a pour but de mettre à la charge de votre garçon camionneur, ou d'un employé subalterne, les écritures nombreuses et les paiements que nécessitent les transports de marchandises, et cela sans la moindre étude, comme sans la moindre possibilité d'erreur, d'omission, ou de soustraction ; il est divisé en 4 sortes de comptes pour chacun desquels le papier est de couleur différente :

1° Les comptes d'arrivages de marchandises ; voyez sa disposition page 48.

Vous voyez que l'inscription se fait d'elle-même et que le seul travail de l'employé consiste à faire, à chaque voyage ou à chaque livraison de marchandises par le factage, l'addition dans la colonne *Réunion* des *port dû partiel* de la colonne précédente ; comme contrôle, à chaque bas de pages, les additions de ces 2 colonnes doivent donner le même chiffre.

2° *Le compte d'expéditions de marchandises.*

Voyez sa disposition et quelques exemples. page 49.

ARRIVAGES DU MOIS DE JANVIER 1891

Dates	Expéditeur	Gare de départ	Nature des colis	Mode de transport	N° d'ordre des lettres de voiture.	Port payé	Port dû		Observations
							Partiel	Réunion	
2	Soules frères.	Paris.	4 cais. droguerie	P. V.	1		12 25		
»	Lambert.	Troyes.	1 b. bonneterie	P. V.	2		4 80		
»	Hostier.	Châlons.	2 c. épicerie	P. V.	3		6 70		
»	Mérès.	Bar-le-Duc.	4 bal. papier	P. V.	4	3 25			Livraison avec réserve pour coup de crochet dans 1 bale.
»	Dupont.	Paris.	1 paquet tissus	G. V.	5		1 20	24 95	
4	Marrand.	Marseille.	4 c. savon.	G. V.	6		22 05	22 05	
6	Peultier.	Nancy.	2 b. riz	P. V.	7	2 50			
»	Jérôme	»	1 c. coton				1 90	1 90	

EXPÉDITIONS

Mois de Janvier 1891

Dates	Destinataire	Domicile	Gare d'arrivée	Mode de transport	Nature des colis	Port payé		Observations
						Partiel	Réunion	
2	Houras.	Elbeuf.	Elbeuf.	P. V.	1 ballot tissus.	3 40		
»	Jandon.	Chatenois.	Châtenois.	G. V.	1 paquet tissus.	1 35	4 75	
4	Maubert.	Troyes.	Troyes.	P. V.	1 paq. bonneterie.	3 90		
»	Soulis.	Paris.	Paris.	G. V.	1 caisse droguerie.	2 40	6 30	

Mêmes observations que pour les comptes d'arrivages.

3° *Le compte de caisse.*

Voici sa disposition et les écritures relatives aux articles ci-dessus :

CAISSE. — *Mois de Janvier 1891.*

Dates	ÉNONCÉ	Recettes	Dépenses	En Caisse
1	Reçu.	80 »		80 »
2	Arrivages.		24 95	
»	Expéditions.		4 75	50 30
4	Arrivages.		22 05	
»	Expéditions.		6 30	24 95
6	Arrivages.		1 90	20 05
8	Reçu.	50 »		70 05

A chaque fois, l'employé soustrait l'addition de ses dépenses de l'encaisse précédent, et indique la différence dans la colonne *en caisse*.

Il va de soi qu'avec un tout petit peu d'habitude, l'employé ou le garçon ne se sert plus de papier pour faire ses opérations, il fait son addition et sa soustraction du même coup. Ainsi, par exemple, après avoir inscrit la dépense du 2, il dira simplement : 5 et 5 10, de 10 reste 0, je reporte 1, et 7, 8, et 9, 17, de 20 reste 3, je reporte 2, et 4, 6, et 4, 10, de 10 reste 0, je reporte 1, et 2, 3 de 8 reste 5 ;

Comme contrôle de la justesse des calculs, l'addition de la colonne *dépenses* plus le dernier chiffre de la colonne *en caisse* doivent donner l'addition de la colonne Recettes

Comme contrôle de la Caisse, on peut prendre une liasse de lettres de voitures au hasard, ou toutes celles du mois, si l'on veut s'assurer de l'exactitude des chiffres portés : en outre, le montant des espèces en caisse doit toujours être égal au dernier chiffre de la colonne *en caisse,*

Donc, pas d'erreur, ni de détournements possibles ; et, par contre, un soulagement énorme pour le comptable principal et ses registres.

Ajoutons que l'employé chargé de ce petit service, aura aussi la charge de porter, à l'encre rouge sur chacune des factures y relatives

le montant des ports payés, afin qu'on n'ait plus de recherches ultérieures à faire pour l'établissement du prix de revient ; et de la revêtir
aussi de son *vu* en ce qui concerne le nombre, le poids et l'aspect
extérieur des colis.

4° Enfin, le carnet se termine par un compte de récapitulation des
ports payés à la fin de chaque année.

Le voici :

Récapitulation des ports payés pendant l'année 189   .

Mois	Arrivages	Expéditions
Janvier	245.25	60.30
Février	189.70	84.50
Mars	108.15	35.60
Avril	. . . .	. . . .
Mai	. . . .	. . . .
Total.	2.115.35	879.40
Réunion.	2. 994. 75	

Le négociant en gros, a généralement plus d'expéditions que d'arrivages, et le marchand en détail plus d'arrivages que d'expéditions ;
mais les carnets sont reliés sur demande, avec la proportion indiquée pour les feuilles d'arrivages et les feuilles d'expéditions.

X. — CARNET DE LA MAITRESSE DE MAISON.

La comptabilité du ménage touche par un côté, à la comptabilité
commerciale.

Vous trouverez, pages XIV XV des annexes, un modèle tout simple
que nous vous conseillons.

La simplicité de ce registre dispenserait presque de toute explication ; faisons seulement quelques remarques : 1° nous y avons adapté notre système ordinaire de numéros d'ordre, qui sera surtout utile pour l'annotation du numéro du paiement en regard du montant de chaque article acheté à crédit ; en sorte, que le défaut d'un numéro de paiement à la droite de tout chiffre d'achat à crédit, sera un *rappel à l'ordre* pour le paiement de cet article ; et la ménagère soigneuse se gardera des lacunes trop vieilles.

2° Un petit tableau au bas de chaque page permet d'établir la situation exacte, non seulement de la caisse, mais du chiffre des dettes, chaque fois qu'on le désire et en quelques minutes ; en faisant, au crayon seulement, l'addition des colonnes, on entend, par la dette de l'exercice précédent, le montant de ce qu'on devait en commençant les écritures sur ce nouveau registre ; il est clair qu'il restera le même toute l'année ou tant que durera l'exercice.

Comme contrôle supplémentaire. On peut, dans la marge de droite ou dans la colonne observation. si la place le permet, faire le relevé de tous les achats à crédit non flanqués à droite d'un numéro de paiement, et le total doit donner exactement le chiffre du *redû* de la situation.

Si on voulait suivre plus particulièrement le développement de quelques dépenses particulières, il suffira, en les portant, de les pointer pour en relever le compte, sur un petit carnet quelconque qui servira de Grand-Livre.

Vous avez arrêté vos écritures à la fin de chaque mois ; et à la fin de l'année, vous mettez en titre :

Récapitulation de l'année 189

Puis dans la colonne *énoncé* vous inscrivez les douze mois et en regard, dans chaque colonne, le montant de son résultat : enfin dans le bas, la situation récapitulative de toute l'année.

Le montant des dettes, alors constaté, sera celui qui figurera dorénavant à l'article *« exercice précédent »*.

XI. — Casier a Factures.

Frappé des désordres fréquents dans les factures et la correspondance des commerçants, et des pertes de temps que cet état de choses occasionnait, nous avons cherché à créer un meuble commode et peu coûteux pour le classement des papiers.

Cela a plus d'importance qu'on ne le supposerait d'abord ; le commerçant, surtout celui qui débute ne prévoit pas toujours facilement quels seront ses besoins ; il n'a pas le temps ou ne trouve pas l'occasion d'étudier le meilleur mode de classement ; pour faire faire un meuble, il faut des dimensions, des proportions qu'il ne pourrait encore déterminer à l'avance ; bref, il achète un cartonnier qu'il paie très cher et il se trouve que les boites sont trop grandes ou trop petites pour leur destination spéciale.

Il met des étiquettes sur ses cartons, les retire pour les remplacer par d'autres que lui indique l'expérience ; néanmoins, n'ayant pas une place précise pour chaque chose, les papiers les plus divers se confondent sur son bureau.

Je donnerais volontiers à mon casier le nom *d'aspirateur*, comme dans les moulins : aspirateur de tout ce qui traîne et constitue du désordre ; ses indications sollicitent les papiers, comme celles de nos journaux sollicitent les écritures.

Plusieurs modes de classement ont été employés jusqu'alors :

Le dossier,

Le biblorhapte,

Et la liasse par le pli de la feuille en deux parties égales dans le sens de la hauteur, avec inscription en tête, à l'extérieur, du nom et de la date ; cette première facture ou cette première lettre est destinée à recevoir dorénavant toutes les factures ou toutes les lettres de la même personne.

Le premier moyen est long et peu sûr ; le deuxième onéreux, long pour le classement, long pour les recherches ; en conséquence, nous avons adopté le troisième qui nous a toujours donné toute satisfaction ; en effet quand les pièces de la même provenance sont ainsi insérées l'une dans l'autre en un seul paquet, et que tous les paquets de la même année sont classés par ordre alphabétique, vous n'avez qu'à tendre la main, et, en quelques secondes, une recherche est faite.

Cela étant, nous avons cherché le casier devant rendre le plus de services aux meilleures conditions possibles ; nous pensons y être arrivé au moins pour l'usage des maisons de moyenne importance ;

il est vrai que les grandes maisons en seraient quittes pour classer plus souvent à la réserve.

Ce casier élégant est en bois vernis de devis nous en a démontré l'économie sur le carton : il a 40 cent. de long sur 40 cent. de haut, et 30 de profondeur : l'intérieur est divisé en 13 cases, cinq grandes et huit petites : ces dernières sont destinées à recevoir :

1° Les factures dont la marchandise fait route,

2° «   «   à marquer,

3° «   «   vues,

4° «   «   à classer.

5° Lettres à répondre.

6°   »   » classer.

7° Les cours.

8° Les marchés.

Les 5 grandes sont pour :

1° Les pièces comptables.

2° Les factures classées   A   à   F

3° «   «   «   G   à   L

4° «   «   «   M   à   Z

5° Les lettres classées.

COUPE

FAÇADE

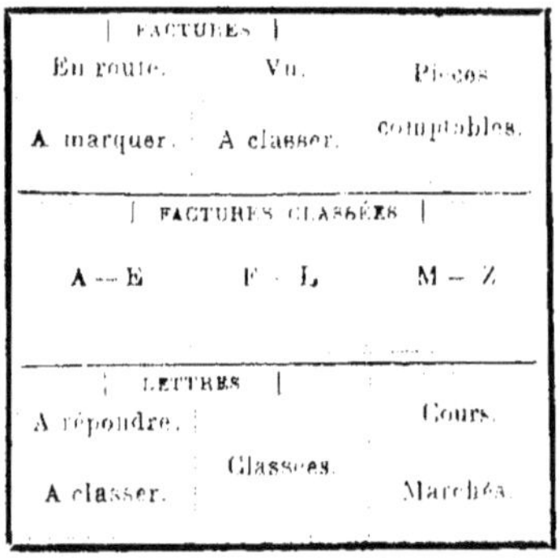

| FACTURES |
En route.   Vu.   Pièces
A marquer.   A classer.   comptables.

| FACTURES CLASSÉES |
A — E   F — L   M — Z

| LETTRES |
A répondre.   Cours.
                Classées.
A classer.   Marchés.

Trois volets avec fermeture à ressort s'ouvrent horizontalement sur le devant ; ils portent des titres indiquant l'endroit précis de cha-que case.

Deux pattes en fer permettent de l'accrocher ce petit meuble n'importe où, à portée de la main du comptable.

En faisant fabriquer en quantité, notre éditeur, la maison Michel-Salz rd, de Greux-Domremy, peut les procurer à des conditions très-avantageuses.

XII. — Papiers a Rouleaux de Monnaie

Encore un aspirateur : Souvent vous recomptez 5 ou 6 fois la même monnaie, faute d'avoir sous la main un papier commode pour la mettre en rouleaux ; cela vous ennuie d'abord de chercher un papier, prendre un couteau, calculer une dimension ; puis vous craignez qu'en faisant un rouleau de pièces de 10 fr. par exemple, il ne soit confondu plus tard avec un rouleau de pièce de 0 fr. 50 et réciproquement.

Voici des papiers tout prêts, de la couleur de la monnaie qu'ils renfermeront : jaune d'or pour l'or ; blanc pour l'argent, et rouge brique pour le cuivre ; de plus ils sont gommés, et imprimés : plus d'erreur possible.

Vous trouvez cela enfantin ? Vous avez tort : une petite tranquillité par ci, un petit soulagement par là, finissent par faire beaucoup de soucis en moins.

Essayez. pour si peu que ce soit, et vous vous en trouverez bien.

Et puisqu'il est question d'aspirateurs, permettez-moi de vous en signaler un autre auquel vous n'auriez peut-être pas pris garde : c'est le très-grand luxe d'impression de nos registres.

Cela vous fait sourire, et cependant rien n'est plus sérieux ; on ne se décide pas facilement à rendre laid ce qui est beau, sale ce qui est propre, et à substituer à l'ordre le désordre ; l'art appelle l'art et le soin appelle le soin, comme l'abîme appelle l'abîme : *abyssus abyssum invocat* ; et on se décidera difficilement à faire banqueroute avec des registres très soigneusement tenus ; nous ne prétendons pas que ce soit là le *criterium* de la moralité commerciale, mais enfin c'est quelque chose.

Sur ce, nous prierons nos lecteurs de s'en tenir là, de ne pas aller plus loin, et de ne pas lire le reste qui ne servirait qu'à les troubler inutilement.

Ils le feront toujours bien plus tard ,s'ils constatent la nécessité de remplacer l'évaluation du bénéfice par son calcul exact.

CHAPITRE VI

DEUXIÈME MÉTHODE DE COMPTABILITÉ AUTOMATIQUE

Nous avons dit plus haut que le dernier mot de la comptabilité, le desiratum de tous les comptables qui ont le sentiment de l'insuffisance des anciens errements, est le calcul du prix de revient des marchandises sorties, permettant d'établir la permanence de l'inventaire.

« L'inventaire, disent MM. Léautey et Guilbault dans *la science « des comptes mise à la portée de tous*, doit résulter des comptes « eux-mêmes, et il doit être *permanent*. Telle est la grande loi de « l'organisation comptable rationnelle des rapports du travail et du « capital dans la conduite des entreprises. Cette loi implique, chez « le négociant, la détermination permanente du prix de revient réel « de l'achat des choses, et chez l'industriel, l'agriculteur, etc, celle du « prix de revient de la production de ces choses.

« Quant au prix de vente c'est un facteur connu.

« La différence entre le prix de revient et le prix de transaction « est l'*x* cherché.

« Cette différence étant inscrite, selon les cas, dans des Comptes « de Résultats bien déterminés, la permanence de l'Inventaire et la

« connaissance de la situation des entreprises sont le corollaire de
« cette pratique raisonnée........

    « Par la permanence du prix de revient des valeurs de l'Inventaire,
« tout s'éclaircit dans l'esprit de qui échange ou produit. L'entre-
« preneur quelconque suit ses opérations avec une exactitude mathé-
« matique, il sait où il va, il peut s'avancer ou s'arrêter à temps, il
« est maître de son entreprise, il cherche les améliorations dont sa
« comptabilité lui démontre la nécessité ; son Inventaire est constam-
« ment sous ses yeux, il n'a plus besoin de faire ce travail fastidieux
« dont il attend impatiemment chaque année la connaissance
« imparfaite du résultat de ses efforts, tout au moins ce travail n'a
« plus qu'une valeur de vérification de fin d'exercice, puisque ses
« écritures lui ont montré comment chacune de ses opérations s'est
« résolue ».

Essayons d'indiquer quelques moyens pratiques d'arriver aux
résultats demandés : nous reconnaîtrons vite que si la tâche est
ingrate, elle est loin d'être impossible, et nous verrons même parfois
ce travail complet demander moins de temps que la pratique de la
comptabilité à parties doubles classique.

Premier Moyen

Pour les maisons de gros, ou pour les maisons de détail n'ayant
pas un nombre très considérable d'articles divers, chaque marchandise différente sera étiquetée d'un numéro correspondant au folio du
registre de magasin où son compte sera portée ; ainsi une marchandise portera le numéro 19 quand son compte de magasin sera inscrit
au folio 19 ; si plusieurs comptes sont inscrits au même folio on les
distinguera en 19 A, 19 B, 19 C, etc.

Le registre de magasin sera établi, en principe et sauf la modification que l'expérience indiquerait à chacun :

| LETTRES | DÉSIGNATION | PRIX DE REVIENT | | de l'unité | Quantités en magasin | N° ou Fact | SORTIE | | | |
| | | TOTAL | | | | | Quantité | PRIX | | |
		Énoncés	Somᵉˢ					Total	Revient	Bénéfice
A	150 m. de taupeline achetée à Lambert de Sedan, fʳᵉ n°. Placée rayon numéro. Prix de vente 7 francs.	Achat... Port	900 7 50	6 05	125 115	3 15	25 10	175 70	151 25 60 50	23 75 9 50

Sur ce registre ainsi disposé nous inscrivons, dans la colonne *désignation*, la nature, la quantité de la marchandise, le numéro de la facture, le nom du vendeur, l'endroit du magasin où se trouve placée la marchandise, de façon à mettre la main dessus du premier coup, en cas de vérification ; un petit barème pour les quantités les plus usitées, (si on le juge à propos), du prix de revient, de vente, du bénélice, etc. ; on inscrit ensuite dans le cadre suivant l'établissement du prix de revient total et celui de l'unité ; on ajoute aux documents ordinaires de l'étiquette le numéro 19 A et on ferme le registre.

Notre Journal-Clients, comme tous les types de facturiers dont nous avons donné le modèle, reçoivent trois colonnes de plus, une pour le numéro de la marchandise et les deux autres pour la décomposition des prix de vente, en prix de revient et bénéfice ; ou bien, mais en ce qui concerne les facturiers seulement ils ne reçoivent en plus que la colonne du numéro de la marchandise, si on veut se servir pour les deux autres des colonnes *payé* et *redû* toujours vides jusqu'à la dernière ligne.

Si on se sert de facturiers à décalquer, les trois colonnes seront placées au verso du feuillet précédent : le reste de la page servira aux calculs, qu'on retrouvera ainsi toujours.

En faisant la note des ventes, il est bien entendu que la première chose que le vendeur ait à noter, c'est le numéro de la marchandise, lequel va s'inscrire au facturier comme nous l'avons dit ; nous n'avons donc jusqu'alors qu'un seul document complémentaire, **le** numéro de la marchandise et le reste de l'opération se poursuit comme d'habitude.

Le soir seulement, deux employés prennent, l'un le facturier et l'autre le journal du magasin; le premier appelle le numéro dont le deuxième cherche la page; cette page trouvée, il consigne les documents de la facture, donne au premier le chiffre du prix de revient de l'unité; les calculs sont faits et notés chacun de leur côté et ensuite contrôlés l'un par l'autre; chaque article de la facture est soumis à la même épreuve et les résultats sont ensuite portés au Journal des Clients, quand toutes les factures sont complétées.

Ce petit travail à deux se fera rapidement; néanmoins, il n'est guère pratique que pour le gros. En tous cas, l'inconvénient de temps qu'il prend en plus, est largement compensé par le contrôle permanent qu'il offre des existants en magasin, et qui permet de *faire son magasin* avec autant de facilité qu'on *fait sa caisse.*

Que si, on nous objectait les inconvénients pour le négociant de faire connaître ainsi à ses employés le chiffre de son bénéfice, ou l'inconvénient plus grand encore d'être exposé à remettre plus tard sous les yeux de son client sa facture ainsi dédoublée, nous répondrons que chaque maison de commerce ayant un mot ou un nombre secret pour représenter les chiffres, il lui est toujours facile de s'en servir : les additions étant ainsi tout aussi commodes qu'avec les vrais chiffres.

Deuxième Moyen

Pour les commerces de grand détail, l'épicerie par exemple qui ne pourrait décomposer chaque petit article particulier, rien ne s'oppose à ce que le commerçant n'applique le premier moyen qu'à ses magasins de réserve seulement, tels que cave, grenier etc.

Son magasin de détail serait comptable, *au prix de vente et de transaction*, de toutes les marchandises à lui remises, et qu'il prendrait en charge; en sorte que le contrôle s'établirait facilement du magasin de réserve au magasin de détail.

Les opérations de ce dernier seraient contrôlées et suivies au moyen des notes à souche dont nous avons parlé plus haut.

Troisième Moyen

Celui-ci doit convenir à la majorité des cas; et si l'on économise au moyen du décalque au papier gras bleu, la copie des factures, cette économie jointe à celle qui résulte de la simplification des écritures, de notre méthode, couvrira et au-delà le petit supplément de travail que nous allons indiquer :

Chaque marchandise ici n'a plus son compte particulier ; mais elle appartient à un groupe dont font partie toutes celles qui sont soumises au même coefficient de majoration pour le calcul du prix de revente ; chacun de ces groupes, est désigné par une lettre de l'alphabet A, B, C, D, etc., et si leur nombre est insuffisant, on recommence par A', B', C', etc., puis A", B", C", etc. Mais quand on aura déjà dans un commerce 25 chiffres différents de majoration, ce sera assez rare, car le même groupe peut et doit comporter les marchandises les plus diverses ; il ne sera pas étonnant, par exemple, que dans un commerce faisant un peu de tout, vous n'ayez le même coefficient pour des parapluies, du papier point, certains genres de chaussures, etc.

Remarquez bien que vous n'êtes pas du tout obligé pour déterminer votre bénéfice d'établir un tant pour 100 fixé d'avance dans votre esprit, sur la valeur d'achat. Non, vous réglez votre bénéfice comme vous avez l'habitude de le régler, et une fois établi, alors seulement vous déterminerez le tant pour cent qu'il représente sur le prix de vente ; cette opération peut donc toujours se faire quel qu'ait été votre base première d'appréciation.

Ce coefficient, une fois établi, vous groupez sous la même lettre, tous ceux du même chiffre, et vous étiquetez de sa lettre chaque marchandise ; et ici le chef de maison qui voudrait se mettre à l'abri des indiscrétions, peut garder, par devers lui, le secret de la valeur de ses coefficients.

Cela étant, nous ajouterons à nos notes de vente, comme à notre facturier, une seule colonne, qui recevra pour chaque article, la lettre de son coefficient : l'employé vendeur, comme l'employé comptable, n'auront donc jusqu'alors, comme supplément de travail, *qu'une lettre* à ajouter au libellé de chaque article ; dans les factures à décalquer, cette lettre sera placée à gauche du perforage et, par conséquent, ne figurera pas sur la facture à remettre au client.

Le soir venu, un premier employé prend le facturier et un brouillon de papier ; il embrasse d'un coup d'œil l'ensemble des lettres de chaque facture tour à tour pour s'assurer si quelques unes son plusieurs fois répétées, et les groupe rapidement ; un autre employé ouvre un livre à colonnes, disposé comme suit :

Mois de

Date	N° du fact.	A	B	C	D	E	F	G	H	Réunion
1	1	25.35				6 30			7 90	39 55
»	2		36 20			7 50		8 35		52 05
»	3			56 30			25 50		18 60	100 40
TOTAL		25 35	36 20	56 80		43 80	25 50	8 35	26 50	192 00

Le premier employé n'a plus alors qu'à dicter au second :

Date 1 ; A, 25.35. — E, 6.30. — H, 7.90. — Total, 39.55.

N° 2 ; B, 36.20. — E, 7.50. — G, 8.35. — Total, 52,95. Et ainsi de suite.

Puis l'addition, est faite des colonnes et la somme des additions des lettres, doit être égale à l'addition de la colonne *réunion* et encore égale à l'addition du journal, sous peine d'erreur.

Vous voyez que ce petit travail a moins coûté que la simple recopie des factures, puisque tout le libellé est supprimé, et que nous n'avons fait que les chiffres ; nous avons donc, en somme, passé moins de temps à nos écritures que n'en exige la comptabilité à parties doubles classique.

Mais, dans la pratique, le travail de groupement se fera par l'employé au facturier, à temps perdu, et avec la plus grande facilité ; à cet effet le verso de toutes nos souches est réglé de petites colonnes qui serviront au groupement des chiffres des articles de la facture suivante, à laquelle le livre est ouvert ; en effet, quand vous ouvrez le facturier, vous avez toujours à droite le recto d'une facture et à gauche le verso de la précédente ; et c'est ce verso que nous utiliserons : voici donc ce que cela nous représente :

N° 1589

MANUFACTURE DE RUBANS

LOUSSEL & CAUVIN

PARIS. — Boulevard de Sébastopol, 50. — PARIS

Messieurs Michel Salzard à Greux **Doit**

les articles ci-après payables dans Paris,
au comptant avec l'escompte invariable de 2 0[0 expédiés à risques et périls.

Paris, le 15 Novembre 1890

				Prix		Montant	
C	45.998	1m	50 passementerie.	10		15	
D	5.497	13	10 —	1	20	15	75
D	5.495	12	—	0	84	10	10
H	981	3	Cols passementerie.	1		3	
H	979	3	— —	0	85	2	55
K	982	3	— —	1	10	3	30
C	349	17m	10 velours jupon.	1	90	32	50
M	4.450	4	Boutons 5.	3		12	
M	5.221	1	Douz. boutons perles 8.			4	50
E		2	B. cordonnet couronne.	7		14	
E		2	B. fil Broock 500 yards.	4		8	
H	1.570	1	D. peignes.			3	
H	653	1	D. courroies.			6	
E		1	D. cordonnet chose.			4	50
						134	20

C		D		H		K		E		M		Total	
15		45	75	3		1	30	12		14			
32	50	10	10	2	95			4	50	8			
				3						4	50		
				6									
47	50	25	85	14	55	3	30	16	50	26	50	134	20

Dans la journée quand l'employé aura un moment, il fera dans les colonnes de gauche, le relevé, par lettres, de sa facture :

Il trouve d'abord la lettre C, qu'il inscrit en haut de la première colonne et en dessous 15 fr. (la somme), puis la lettre D qu'il inscrit en tête de la deuxième colonne ; puis dessous la somme, 15 fr. 75 ; la suivante étant encore un D, il n'a plus qu'à inscrire, dans la même colonne, 10 fr. 10 et ainsi de suite ; et chaque fois qu'il retrouvera une lettre déjà portée, il n'aura plus qu'à inscrire la somme à la suite de la colonne ; la facture épuisée, il fait ses additions, puis leur total qui se trouve contrôler le total de la facture : le soir, il n'a plus qu'à dicter couramment les résultats.

Quelle est maintenant l'économie du système ? Vous l'avez certainement comprise d'avance : tous les quinze jours ou tous les mois, quand le négociant voudra établir sa situation-inventaire, il n'aura plus qu'à multiplier les totaux de chaque lettre par leur coefficients respectifs, pour trouver le chiffre précis de son bénéfice brut. La totalisation de ces bénéfices remplacera au numéro 19 de notre tableau, l'évaluation approximative du tant 0/0 et sa situation le renseignera d'une façon rigoureusement *exacte*. (1)

C'est le but que nous cherchions.

MM. Léautey et Guilbault avaient convié toutes les bonnes volontés à la mise en pratique de leur théorie, à l'érection d'un nouveau monument de la comptabilité, solide sur sa base ; nous venons de poser notre modeste pierre. La hauteur de l'édifice, sans doute, n'aura peut-être pas fait un progrès bien sensible, mais les chercheurs sont nombreux ; que chacun y travaille dans la mesure de ses forces et de ses moyens ; et de progrès en progrès, l'édifice nouveau s'élèvera durable, au fur et à mesure que l'ancien ira se lézardant et s'effondrant petit à petit.

____

(1) Un autre avantage très-appréciable de ce système est encore de permettre de faire commodément des inventaires partiels, ne comprenant que les marchandises groupées sous la même lettre.

CHAPITRE VII

APERÇU THÉORIQUE

CONCLUSION

Je n'entreprendrai pas de vous faire une théorie de la comptabilité en général, ni de mon système, en particulier : j'en serais, du reste, fort empêché, *m'étant appliqué exclusivement au côté pratique de la comptabilité.*.

Mais, sans être un homme de science, on n'est pas sans en avoir quelque peu entendu parler.

Or, voici ce qu'il m'apparaît :

Mon système n'est pas aussi empirique qu'on le supposerait au premier abord ; et, avec un peu d'attention, on doit reconnaître qu'il est basé sur la véritable théorie des parties doubles, et que, si ce caractère a été dissimulé avec soin, quant à la forme, il n'en existe pas moins complètement, quant au fond.

Prenez, par exemple, le *journal des fournisseurs*, et pour vous en convaincre, il vous suffira de remplacer le titre de la colonne D, par, *Marchandises générales aux ci-contre* : celui de la colonne E, par les *ci-contre à marchandises générales*; celui de la colonne S. par les *ci-contre à caisse*, etc.

Dans le Journal des clients, remplacez de même le titre de la colonne G, par les *ci-contre à marchandises générales*; celui de la colonne L, par : *caisse à marchandises générales*, et ainsi de suite.

Le *mot* n'y est pas, mais la *chose* y est.

Elle y est d'une façon d'autant plus parfaite qu'au lieu de reposer sur une *équation*, comme dans l'ancien système, elle repose sur une *unité de terme*.

Chaque chiffre appartient *verticalement aux comptes généraux* et *horizontalement aux comptes particuliers* : c'est plus que l'équation, c'est l'*absolu*.

Mais, me direz-vous, si votre système repose sur la théorie des parties doubles, comment se fait-il que dans les trois ou quatre règles que vous nous imposez, pas une seule n'ait le moindre rapport avec les règles ordinaires de la comptabilité à parties doubles?

Eh bien, c'est précisément là ce qui fait pour vous l'avantage de mon système ; c'est que les règles et les principes des parties doubles existent déjà intrinsèquement dans les dispositions particulières et les tracés de ces registres, de sorte qu'en achetant mes registres, vous achetez en même temps la science ; comme vous pouvez acheter un papier tout sensibilisé et prêt à recevoir, indépendamment de votre action, une épreuve photographique.

Vous n'avez donc plus à vous occuper que d'application pure et simple, et pour vous guider la main, les titres des colonnes sont autant d'indicateurs infaillibles.

Si je vous impose avant tout l'inscription d'un numéro et d'un nom par chaque facture reçue ou délivrée, c'est que cette formalité première une fois remplie, il faut nécessairement que cette facture poursuive normalement sa route et la termine par le paiement (recette ou dépense) faute de quoi diverses lacunes dans les colonnes des journaux, seront pour nous autant d'avertisseurs qu'elle est, par oubli, restée en souffrance, et qu'il y a lieu de la remettre en marche.

Un autre avantage encore du système, c'est que toutes les opérations, *sans aucune exception*, sont soumises au contrôleur infaillible : *la caisse* ; car toutes passent, au moins *in fine*, par la caisse.

Prenez, par exemple, le Journal des fournisseurs ; faites l'addition de toutes les factures dont la colonne G est encore en blanc, c'est-à-dire qui ne sont pas encore réglées ; ajoutez-y l'addition de tous les règlements dont la colonne P est encore en blanc, c'est-à-dire qui ne sont pas encore payées, ajoutez-y le montant des escomptes et des paiements, et vous trouverez *nécessairement le montant net de vos marchandises reçues* ; je sais bien que dans la méthode ordinaire la caisse contrôle les comptes des fournisseurs ; lesquels par l'équation contrôlent le compte des marchandises générales ; mais c'est là une bifurcation que nous évitons.

En tous cas, je le répète, j'ai voulu faire *non une œuvre de science*, mais une *œuvre toute d'utilité pratique*, et s'adressant surtout aux petits, qui n'ont pas le moyen de payer des comptables expérimentés ; c'est donc en deçà de la partie double ordinaire que je cherche ma place, et si ma méthode pèche par quelques points au point de vue de la théorie ou des principes — ce qui m'étonnerait moins que personne — je prie messieurs les savants de me faire grâce enraison de l'intention, et de considérer que ce n'est pas en amont, mais en aval que j'agite leur eau et encore n'est-ce pas pour la troubler.

Arth. PARIS.

TABLE DES MATIÈRES

FIN

ANNEXES

Nota. — La couture du présent cahier d'annexes étant indépendante de la couture de la brochure, les lecteurs qui voudront suivre plus facilement la description des tableaux, en les ayant sous les yeux, n'auront qu'à couper le fil de la couture de ce cahier, qui se détachera ensuite facilement.

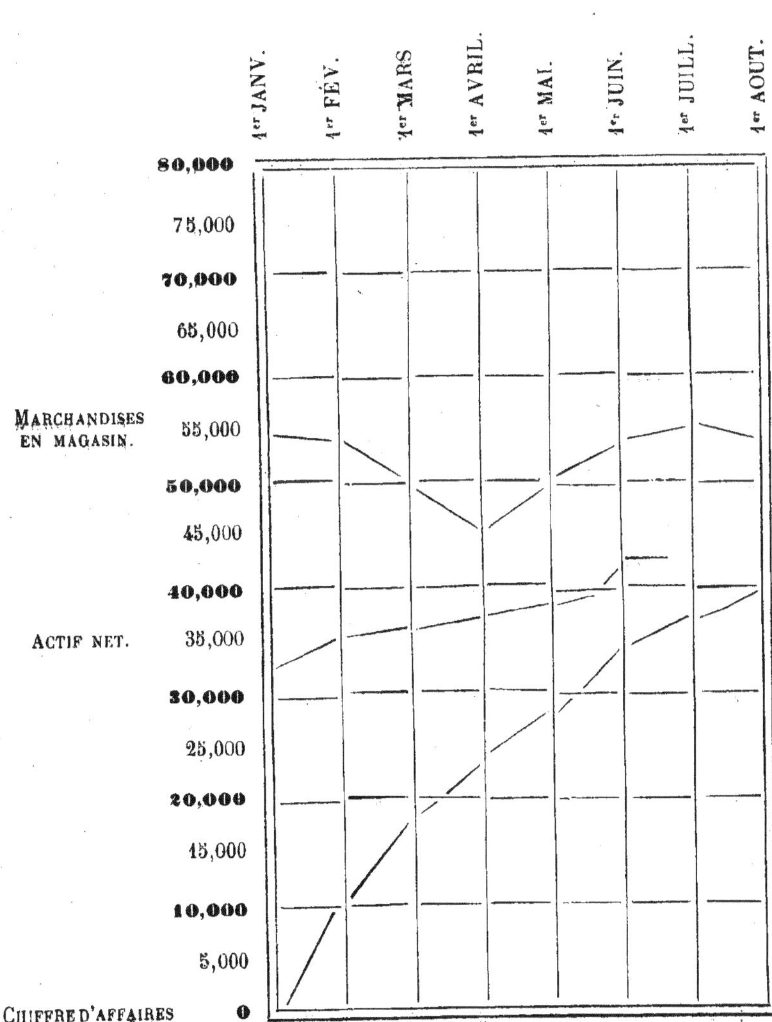

JOURNAL DES FOURNISSEURS
Situation au 31 décembre 1891

A B C D E F G H I J K L M N O P Q R S T U

FACTURES

Nº d'ordre.	DATES	NOMS DES FOURNISSEURS	MONTANT		RENDU	VU	NUMÉRO du règlement	REPORT au Grd-Livre
0		Bailly (Bar).	175	85		/		
1		Bailly (Neufchâteau).	217	60		/	3	
2		Boisseranc.	103	75		/	2	
3		Claise.	53	20		/		
4		Dambrun.	33	00		/		
5		Dauvergne.	70	30		/	0	
6		Galland-Briot	58	70		/		
7		Georges.	170	38		/		
8		Grandin-Mouville.	41	30		/		
9		Leroy.	127	45		/		
0		Loussel.	87	25		/		
1		*Maillard.*	121	55		/		
2		Mottier.	55	45		/		
3		Najean.	30	85		/		
4		Révillon.	70	»		/		
5		Royer.	532	50	5	/		
6		*Sarre.*	20	05		/		
7		Sourdet.	59	10		/		
8		Total des nombres noirs.	1.971	25				
9		Total des nombres rouges.	441	60				
		NET.........	1.829	65				

RÈGLEMENTS

DATES	NOMS	Escompes ou rabais.	Montant.		ÉCHÉANCE	Note.	Report au Grand-Livre.	NUMÉRO du paiement
	Amos.		39	95	Fin Janvier.	/		
	Baudot-Mabile.		97	70	5 »	/		0
	Clerget.		54	65	5 »	/		1
	Collin frères.		111	60	Fin »	/		
	Dinoir.		49	»	» »	/		
	Garnier-Thiébaut.		139	»	» Février.	/		
	Jeanet.		388	15	18 »	/		
	Leleux et Martin.		108	20	Fin déc. 1890	/		0
	Louvel.		54	90	» »	/		1
	Peultier.		166	50	15 Janvier.	/		
	TOTAL.....		1.206	25				
	Total des factures..		1.829	65				
	TOTAL GÉNÉRAL DU.		3.035	9				

PAIEMENTS

DATES	NOMS	MONTANT	Report au Grand Livre.	Numéro de la pièce comptable.

Situation du   189   Nº   inclus.

MARCHANDISES REÇUES		A PAYER		REDU	
Montant....		Exercice précédent.	(	Mont. à payer	
Rendu....		» courant...	)	Payé	
Net........	v	Escompt. et rabais à déduire		Redu net..	
		Reste net............	X		

JOURNAL DES FOURNISSEURS
Mois de Janvier 1891.

A B C D E F G H I J K L M N O P Q R S T

FACTURES

N° d'ordre	DATES	NOMS DES FOURNISSEURS	MONTANT	RENDU	V°	NUMÉRO du règlement	REPORT au Grd-Livre
		Report					
0	1	Dambrun.	38 85				
1	»	Lainé.	327 30				
2	»	Maljean.	217 70				
3	4	Jouner.	436				
4	»	Bernard.	38 70				
5	»	Georges (sur 1890).		26 70	/		
6	5	—	78 25				
7	»	Loussel.	104 30				
8	»	Royer.	33 30				
9							
10		Totaux	1292 60	26 70			
1							
2							
3							
4							
5							
6							
7							
8							
9							

reporter

RÈGLEMENTS

DATES	NOMS	Escompte ou rabais	MONTANT	ÉCHÉANCE	Note	REPORT au Grd-Livre	N° du paiement
	Report						
3	Dauvergne.	2 10	63 20	15 Fév. 1891.			
5	Royer.	15 20	490 60	—			
»	Roussevand.	6 10	197 65	Fin Janvier.			
»	Bailly (Neufchâteau)	5 95	291 65	Notre régl.	/		4
	Totaux	29 35	1.048 10				
	A reporter						

PAIEMENTS

DATES	NOMS	MONTANT	Report au Grand-Livre	Numéro de la pièce comptable
	Report			
3	Leloux et Martin.	108 20		1
»	Louvel.	51 90		2
5	Baudon Mabille.	54 65		3
»	Clerget.	291 65		4
»	Bailly (Neufchât.).	97 70		2
	Total	604 10		
	A reporter			

Situation au 5 Janvier 1891.
N° 9 inclus.

MARCHANDISES REÇUES		
Montant....	1.292	60
Rendu.....	26	70
Net.......	1.265	90

A PAYER				
Exercice précédent.	3.035 80	4.301	80	
» courant...	1.265 70	29	35	
Escompt. et rabais à déduire		—		
Reste net.		4.271	45	

REDU		
Mont. à payer	4.272	45
Payé........	604	10
Redû net ...	3.668	25

JOURNAL DES CLIENTS
Mois de Janvier 1891.

N° d'ordre	N° du facturier	Dates	Noms et énoncés	Rappel du N° d'ordre	COMPTANT		Folios	GRAND-LIVRE				Observations
A	B	C	D	E	F	G	H	I	J	K	L	M
					Escompte ou rabais	Paiement		DOIT	AVOIR			
								Factures	Rendu	Escompte ou rabais	Paiements sur crédits précédents	
			Report									
0	1	3	Durand-Bélème, de Neufchâteau.	0		98	45	33				
1	2	»	Serrier J.-Bte, aux Roises.	1		35 50						
2	3	»	Jouval-Herbulon, à Maxey.	2		62 40						
3		»	Langard, à Domremy, reçu à valoir.	3			52				70	
4	»	»	Ventes au comptant de la petite caisse.	4		69 25						
5	4	4	Baulard, de Harmonville.	5			654	69 50				
6	5	»	Perrin, de Coussey.	6			323	35 20				
7	6	»	Humblot, de Brancourt.	7			45	68 90				
8	7	»	Durand-Bélème, de Neufchâteau.	8		50	208	28				
9		»	Vente au comptant de la petite caisse.	9		34 65						
0		5	Heuras, de Ballémont, reçu à valoir.	0		340 80					250	
11	8	»	Gervais.	1		26 35						
2	9	»	Louis.	2		31						
3	10	»	Lebrun.	3		72 50						
4	11	»	Picard.	4		14 90						
5	12	»	Grimard.	5			156	84 40				
6		»	Ventes au comptant de la petite caisse.	6		49 05						
7				7								
8				8								
9			*A reporter*	9	1 80	343 6?		319			320	

VIII

JOURNAL MAISON
Année 1891

A	B	C	D	F° du Grand-Livre	E	F	G	H	I	J	K	L	M	N	O
NUMÉROS d'ordre.	DATES		NOMS DES COMPTES au Grand-Livre		ÉNONCÉ	Rappel des nos d'ordre	RECETTES			DÉPENSES					OBSERVATIONS
	mois	jour					Grand-Livre Folios	Avoir	Profits	Grand-Livre Folios	Doit	Frais généraux	Pertes	Numéro de la pièce comptable	
					Report										
0	Janvier	1	Moi (ou le nom)....		Versé dans la caisse espèces et effets.	0	1	2.175							
1	»	»			Etrennes au facteur et aux garçons.	1						48			
2	»	3	Maldier , banquier..		Avoir son bordereau de 2 traites.	2	8	160 40							
3	»	4	Transport d'arrivage		Payé à la gare.	3				10	12 85				
4	»	5			Escompte et change de 2 effets.	4						4 50			
5	»	»			Perte sur une pièce de 5f de Roumanie	5							1 50		
6	»	»			Reçu de Renard p. intérêts au 1er janvier 1890.	6			6						
7						7		2.385 10	6		12 85	49 50	1 50		
8						8									
9						9									
0						0									
1						1									
2						2									
3						3									
4						4									
5															
6															
7															
8															
9					*A reporter*										

X

JOURNAL DU PORTEFEUILLE

Année 189

A	B	C	D	E	F	G	H	I
				ENTRÉE				
DATE DE L'ENTRÉE		Nᵒˢ		TIRÉ, CÉDANT ou Souscripteurs	ÉCHÉANCE		Montant	Réunion
Mois	Jour	Entrée	Sortie		Date	Lieux		
				Report				
à nouveau		0	1	Durand, à Paris.	15 Janv. 91	Paris.	300	.
		1	0	Gilbert, à Neufchâteau.	fin fév. 91	Neufchâteau	250	
		2	2	Perrin frères,	15 fév.	Épinal.	300	850
	3	3		Durand-Bélème.	15 janv.	Paris.	95	945
		4						
		5						
		6						
		7						
		8						
		9						
		0						
		1						
		2						
		3						
		4						
		5						
		6						
		7						
		8						
		9						
				À reporter				

J	K	L	M	N	O	P	Q
		SORTIE					EN Portefeuille
DATE		CESSIONNAIRE	Nᵒˢ		Montant	Réunion	
Mois	Jours		Sortie	Entrée			
		Report					
Janv.	5	Bailly (Neufch).	0	4	250	250	695
»	»	Maldier.	1	0	300		
»	»	»	2	2	300	850	95
			3				
			4				
			5				
			6				
			7				
			8				
			9				
			0				
			1				
			2				
			3				
			4				
			5				
			6				
			7				
			8				
			9				

SITUATIONS, INVENTAIRES DE L'ANNÉE

EXTRAIT DE L'INVENTAIRE AU

Actif :		*Passif* :	
A. Créances sur clients....	35.844,60	D. Dettes aux fournisseurs.	3.035,90
B. Solde actif du Journal-Maison.............	3.8.0,50	E. Solde passif du Journal-Maison.............	12.540,36
C. Marchandises en magasin................	30.000 »		

JOURNAUX	Nos d'ordre.	TITRES DES RÉSULTATS	Obtenus par:	DATES DES SITUATIONS				
				5 janv. 91.				
FOURNISSEURS	1	Factures.	Journ.	1.292 60				1
	2	Rendu.	Id.	26 70				2
	3	Net.	1—2	1.265 90				3
	4	Ports.	Carnets.	12 50				4
	5	Valeur totale des marchand.	3+4	1.278 40				5
	6	Escompte ou rabais.	Journ.	29 35				6
	7	Paiements.	Id.	604 10				7
	8	Réunion.	6+7	633 45	.			8
MAISON	9	Recettes du Gd-Livre: AVOIR	Journ.	2.335 10				9
	10	Profits.	Id.	6				10
	11	Dépenses du Gd-Livre: DOIT.	Id.	12 85				11
	12	Frais génér.	Id.	49 50				12
	13	Pertes.	Id.	1 50				13

JOURNAUX	Nos d'ordre.	TITRES DES RÉSULTATS	OBTENUS PAR :	DATES				
CLIENTS	14	Factures à crédit.	Journal.	319 »				14
	15	Rendu.	Id.	»				15
	16	*Net des ventes à crédit*	$14 - 15$	319 »				16
	17	Comptant.	Escompte + Paiement.	545 10				17
	18	*Réunion des ventes.*	$16 + 17$	864 10				18
	19	*Bénéf. bruts.*	16 0⁄0 sur 18	138 25				19
	20	*Prix de revient des marchand. sorties.*	$18 - 19$	725 85				20
	21	Rabais et escomptes.	Journal.	»				21
	22	Paiements.	Id.	320 »				22
	23	*Réunion.*	$21 + 22$	320 »				23
RÉSULTATS	24	*Marchand. en magasin.*	$C + 5 - 20$	30.552 55				24
	25	Caisse et Portefeuille.	Carnets.	2.536 75				25
	26	*Créanc. activ. de la maison.*	$(B+11) - (E+9)$	»				26
	27	*Créanc. activ. des Clients.*	$A + 16 - 23$	35.844 60				27
	28	*Réunion (Tot. de l'actif.*	$24+25+26+27$	68.933 90				28
	29	*Dettes du Journ.-Mais.*	$(E+9) - (B+11)$	11.022 10				29
	30	*Dettes aux Fournisseurs.*	$D+3-8$	3.668 35				30
	31	*Réunion du Passif.*	$29 + 30$	14.690 45				31
	32	*Actif net.*	$28 \div 31$	54.243 45				32
	33	*Bénéfice net.*	$(19+10)-12+13$	93 25				33

COMPTABILITÉ DE LA MAÎTRESSE DE MAISON
Mois de ·· 89 ·

N° d'ordre	Date	ÉNONCÉ	Recettes	Achat et Paiements au comptant	Achats à crédit — Montant	N° du paiement	Paiement des achats à crédit	OBSERVATIONS
	1	En Caisse. *Report.*	183 50					
0	»	Etrennes à la bonne.		12 »				
1	»	Boucher et boulanger.						
2	2	Achat d'un vêtement pour Monsieur.		3 25	55	5		
3	»	Epicerie.		2 60				
4	3	Achat d'une feuillette de Bordeaux.			92		55	Payable par traite au 15 avril.
5	5	Payé le vêtement de M.						
6								
7								
8								
9								
0								
1								
2								
3								
4								
5								
6								
7								
8								
9								
0		*A reporter.*						

SITUATION AU   189 ·

Dettes
- Achats à crédit . . . . 147 ⎫
- Exercice précédent . . . . 26 50 ⎬ 173 50
- Paiements . . . . 55 ⎭
- Redu 118 50

N°   INCLUS

En caisse
- Recettes 183 50
- Paiements comptants . . . . 17 85 ⎫ 72 85
- — sur crédit . . . . 55 » ⎭
- Argent en caisse 110 65

Caisse du 5 Janvier 1891

RECETTES

Journ.-Maison	Grand-Livre..	2.335	10
	Profits........	6	»
Journ.-Clients	Comptant.....	548	60
	Paiements sur antérieurs..	320	»
	Total........	3.204	70
	Dépenses....	667	95
Excédent de recettes........		2.536	75

OBSERVATIONS

Exact.

DÉPENSES

Journ.-Maison	Grand-Livre....	12	85
	Frais généraux..	49	50
	Pertes..........	1	50
Journal des fournisseurs........		604	10
	Total..........	667	95

CAISSE

En caisse du Portefeuille......	95	»
Billets de banque............	1.400	»
Or.......	860	
Argent...................	175	
Billon	6	7
Total........	2.536	7

TABLE DES ANNEXES